D1671476

Latein für Lovers
Mit Ovid durch alle Liebeslagen

von Charlotte Higgins

PONS GmbH
Stuttgart

PONS
Latein für Lovers
Mit Ovid durch alle Liebeslagen

von Charlotte Higgins

Übersetzung aus dem Englischen: Rainer Vollmar, Frankfurt a. M.

Auflage A1   5 4 3 2 1   / 2012 2011 2010 2009

© PONS GmbH, Rotebühlstraße 77, 70178 Stuttgart, 2009
© Charlotte Higgins, 2007
Titel der Originalausgabe: *Latin Love Lessons. Put a little Ovid in your life.*
Erschienen bei Short Books, London, 2007
Internet: www.pons.de
E-Mail: info@pons.de
Alle Rechte vorbehalten.

Redaktion: Knut Amos
Logoentwurf: Erwin Poell, Heidelberg
Logoüberarbeitung: Sabine Redlin, Ludwigsburg
Einbandgestaltung: VIER FÜR TEXAS * Ideenwerk, Frankfurt a. M.
Layout/Satz: Ronald Kolb, Volker Schartner (Biotop 3000), Stuttgart
Druck: L.E.G.O. S.p.A., in Lavis (TN)
Printed in Italy.
ISBN: 978-3-12-010020-1

VULPI CARISSIMAE

INHALT

EINLEITUNG

Was können wir heutzutage aus zweitausend Jahre alten lateinischen Gedichten über die Liebe im 21. Jahrhundert lernen?

Nahezu alles: Die Römer bauten nicht nur großartige Städte, herrschten über die damals bekannte Welt und versorgten uns mit einem Straßennetz. Sie waren auch die ersten und besten *Latin Lover*.

Schauen Sie sich dieses zweizeilige Gedicht von Catull an:

Odi et amo. Quare id faciam, fortasse requiris?
Nescio, sed fieri sentio, et excrucior

Hass erfüllt mich und Liebe. Weshalb das?, so fragst du vielleicht mich.
Weiß nicht. Doch dass es so ist, fühl ich und quäle mich ab.

In vierzehn Wörtern bringt Catull die Gefühle auf den Punkt, die jemand hat, der die falsche Person liebt. Man hasst und liebt zugleich. Man weiß, dass man sich losreißen sollte, kann es aber nicht.

Als ich als Teenager zum ersten Mal ein solches Gedicht las, staunte ich über die Offenheit und Direktheit. Heute, zwei Jahrzehnte später, mit mehr Lebenserfahrung als mit fünfzehn und nach einigen Trennungen, ergreift es mich mehr denn je: Es ist wie ein Wunder, dass ein Fremder vor zweitausend Jahren einen Gefühlszustand mit solch verblüffender Genauigkeit festhalten konnte – aber es ist ihm gelungen. Es entspricht in etwa dem, was Hector – der wunderbare alte Lehrer in Alan Bennetts Stück *Fürs Leben lernen* (The History Boys) – sagt:

»Es sind die schönsten Momente des Lesens, wenn man zufällig auf etwas stößt – einen Gedanken, ein Gefühl, eine Betrachtungsweise –, das speziell für einen selbst bestimmt zu sein scheint. Da ist es, niedergeschrieben von jemand anderem … jemandem, der längst tot ist. Und es fühlt sich an, als hätte einen dieser Jemand bei der Hand genommen.«

Zu erkennen, dass heftige und schmerzhafte Gefühle nicht individuell sind, sondern von jemandem geteilt werden, ist der erste Schritt der Besserung. So unwahrscheinlich es klingen mag: Ich erfuhr, wie lateinische Dichtung einem gebrochenen Herzen Linderung verschaffen kann.

Catull ist nur die Spitze des Eisbergs. Bei Ovid (dessen Stimme so unmittelbar, weltoffen und geistreich ist, dass man das Gefühl hat, man könnte ihm heute Abend bei einer Party über den Weg laufen) können Sie erfahren, wie man einen Liebhaber findet und sich selbst von der Liebe kuriert, und man kann sogar einige Sex-Tipps aufschnappen.

Bei Vergil erhalten Sie Anschauungsunterricht, wie man seine Freundin oder seinen Freund nicht behandeln sollte. Bei Properz begegnen Ihnen die Traumata der Obsession und eine fast proustianische Entschlossenheit, möglichst genau darzustellen, wie sich das Verliebtsein anfühlt. Bei Horaz lernen Sie, das eigene Dasein beim Schopf zu packen und vollständig auszuleben.

Übrigens müssen Sie kein Latein können, um diese Werke zu genießen. Im gesamten Buch zitiere ich Gedichte in der Originalsprache und in der deutschen Übersetzung. Wenn Sie nur ein wenig Latein können, beziehungsweise oberflächliche Kenntnisse der französischen oder spanischen Sprache haben, sind Sie in der Lage, einigermaßen zu erschließen, wie Latein funktioniert. Gleichzeitig sind die deutschen Übersetzungen eine ausgezeichnete Möglichkeit, sich in diese Welt außerordentlicher Dichtkunst zu vertiefen – eine Dichtkunst, die zur kraftvollsten gehört, die jemals geschaffen wurde.

Das Rom, in dem diese Menschen lebten, stellt immer den Hintergrund dieser Gedichte dar: Extrem reich, übertrieben materialistisch, schwindelerregend kosmopolitisch und mit einem Überangebot an süchtig machenden Vergnügungen. Das ist in gewisser Weise nicht viel anders als im heutigen London, New York oder Berlin. Tatsächlich besitzen wir vermutlich bessere Voraussetzungen als alle anderen Lesergenerationen der modernen Geschichte, die beherrschenden Themen dieser Dichter zu verstehen. Wie die Römer in der Zeit von Horaz und Ovid leben wir in einer Konsumgesellschaft, während der Rest der Welt um das Überleben kämpft. Die Römer schrieben viel über ihre Sucht nach »*luxuria*«, deutsch: Luxus. Sie gaben ihrem unstillbaren Verlangen nach sagenhaften Häusern, teuren Kleidern und exotischen Lebensmitteln nach, während sie gleichzeitig sehnsüchtig an die guten alten Zeiten zurückdachten, in denen das Leben einfacher war und noch nicht alles langsam zugrunde ging. Der ausgeprägte Sinn der Römer für individuellen und persönlichen Ehrgeiz wirkt in unserer von der Gier nach Selbstverwirklichung durchdrungenen Zeit verblüffend vertraut. Und wir sind gewiss eine der ersten Generationen, die mit deren (hetero- und homo-) sexueller Offenheit gut zurechtkommt, was in der Vergangenheit ein großes Problem darstellte, vor allem für Menschen mit jüdisch-christlichem Hintergrund im neunzehnten und frühen zwanzigsten Jahrhundert.

Außerdem können uns die Römer viel über die Liebe beibringen. Mehr jedenfalls als die Unmengen von deprimierenden Lebenshilfebüchern, welche die Regale der Buchhandlungen überschwemmen (es bedarf wohl kaum einer Erwähnung, dass die Werke der lateinischen Dichter eine weitaus stilvollere Lektüre sind). Ovids Werke *Ars Amatoria* (Liebeskunst) und *Remedia Amoris* (Heilmittel gegen die Liebe) sind unverhohlene Anleitungsbücher, wie man einen Liebhaber oder eine Liebhaberin findet und behält, oder auch wie man Liebe überwindet. Es gibt eine Reihe von Büchern zu diesem Thema in der Esoterikabteilung, aber offen gestanden werden Sie keine unterhaltsameren, klügeren und kultivierteren als die von Ovid finden. Selbst Properz in seiner tiefen Besessenheit meint, seine Bücher wären nützlich für moderne Liebende. »*Me legat assidue post haec neglectus amator,/ et prosint illi cognita nostra mala,*« – »Ein Liebender, den man schlecht behandelt hat, soll mich später eifrig lesen, und möge es ihm helfen, wenn er von meinem Unglück erfährt.«

Die meisten Bücher über diese Gedichte sind akademische und bisweilen unglaublich trockene literaturkritische Abhandlungen. Kein ernsthafter Wissenschaftler würde sich dazu herablassen, so über sie zu schreiben, als handelten sie von wirklichen Gefühlen. Mir aber erscheint es absolut eindeutig, und sicherlich auch jedem anderen, der diese Gedichte liest, dass es in ihnen darum geht, Gefühle auf anschauliche Weise darzustellen. Und genau davon handelt dieses Buch.

Zunächst einige historische Hintergründe. Alle Gedichte in diesem Band stammen aus dem Zeitraum zwischen dem Ende der römischen Republik und dem Beginn der Kaiserzeit. Es war ein goldenes Zeitalter der Literatur und die unglaublichste und turbulenteste Epoche der Weltgeschichte. Jedoch drehte sich keinesfalls alles um Politik und Krieg. Als das Weltreich größer und größer wurde, war Rom enormen sozialen – und sexuellen – Veränderungen unterworfen.

Die Bürger der römischen Republik waren traditionell stolz auf ihre Prüderie. Folgte man den Moralisten, war der ideale Römer zäh, selbstlos und asketisch. Gleiches galt für Frauen: Sich scheiden zu lassen, weil die Ehefrau es gewagt hatte, das Haus ohne Kopftuch zu verlassen, war absolut zulässig. Im Grunde wurde von einer römischen Frau erwartet, zu Hause zu bleiben, zu weben und mustergültige Bürger – gute Soldaten, Politiker oder Bauern – groß zu ziehen.

Aber im ersten Jahrhundert vor Christus wurden all diese moralischen Verbindlichkeiten über Bord geworfen, obwohl die römischen

Dichter und Moralisten nicht aufhörten, sie zu betonen. Noch zu Lebzeiten von historischen Größen wie Caesar, Marc Anton und Octavian hatte der Kontakt mit dekadenten Griechen und anderen liebeslustigen Südosteuropäern zu einem Vergnügungs- und Luxuswahn in Rom geführt. Statt »Kontakt« müsste ich wohl besser »Zusammenstoß« sagen. Der erstaunliche militärische Erfolg des rasch größer werdenden Reichs war verknüpft mit einem schonungslosen Abtransport der Besitztümer der besiegten Völker. Rom wurde förmlich von Geld überschwemmt. Um nur ein Beispiel zu nennen: Als der berühmte General Sulla im Jahr 86 v. Chr. einen Aufstand der Athener niederschlug, schaffte er in aller Seelenruhe deren bewegliche Güter nach Rom: Vollständige Bibliotheken, unendlich viele unbezahlbare Skulpturen und sogar lebende Athleten wurden in die Hauptstadt und nach Italien gebracht.

Diese massive Plünderung von Gütern und Ideen aus einer der kultiviertesten Nationen der Welt hatte maßgeblichen Anteil an der Entstehung der Umstände, unter denen die römischen Dichter regelrecht aufblühten. Die Griechen hatten mehr verloren als große Kunst: Ihre Kultur ausgefeilter Abendgesellschaften, Symposien genannt, mit köstlichen Speisen, Wein und Musik waren in Rom bereits große Mode. Über Sulla selbst, einen extrem erfolgreichen, engagierten, bisweilen eiskalten und grausamen militärischen Führer, wurde berichtet, dass er wilde Feste und die Gesellschaft von Sängern, Schauspielern und Prostituierten genoss.

Während diese aufstrebende kleine Stadt immer mehr Länder unterwarf, wurde sie selbst durch politische Turbulenzen in unglaublichem Ausmaß erschüttert. Im Jahr 81 v. Chr. wurde Sulla Alleinherrscher und brachte damit vier Jahrhunderte stolz glänzender, republikanischer Ideologie zum Einsturz. Obwohl er im Jahr 79 v. Chr. seine Diktatur aufgab, war die Tür zur Alleinherrschaft bereits einen Spalt geöffnet worden.

Während der folgenden Jahrzehnte wurde Rom wieder von Bürgerkriegen heimgesucht und das Opfer der Machtkämpfe von äußerst ehrgeizigen und rücksichtslosen Männern. In den fünfziger Jahren wurde die Stadt von Unruhen erschüttert und im Jahr 49 v. Chr. überschritt Caesar den Rubikon und entfachte damit einen Bürgerkrieg mit Pompeius dem Großen. Caesar triumphierte und wurde Diktator, bis er an den Iden des März 44 v. Chr. einem Attentat zum Opfer fiel. Roms Stabilität wurde erst wieder hergestellt, als der junge Octavian, Großneffe Caesars, wohlbehalten aus dem Kampf um Rom zurückzukehrte, nachdem er die Attentäter seines Großonkels und schließlich seinen früheren Verbündeten Marc Anton in der Schlacht bei Actium im Jahr 31 v. Chr. niedergerungen hatte. Dabei wurden Hunderttausende von Bürgern getötet. Ländereien wurden konfisziert und es wurden viele Morde von jenen verübt, die jeweils gerade die Oberhand hatten. Nach Schätzungen wurden allein zwischen 42 und 41 v. Chr. 150 Senatoren und 2.000 Mitglieder der Reiterklasse, so genannte *equites* getötet.

Octavians Sieg in der Schlacht bei Actium sorgte schließlich für das Ende der Unruhen. Im Jahr 29 v. Chr. rief er die *»res publica restituta«,* »die wiederhergestellte Republik« aus. Aber das war nur ein oberflächlicher Anspruch. Er wurde *»imperator Augustus«,* »Kaiser Augustus« und erhielt unumschränkte persönliche Verfügungsgewalt. Die Stadt hatte ein politisches System gegen ein anderes eingetauscht. Vier Jahrhunderte, nachdem die Bürger ihre Könige triumphal verjagt hatten, landeten sie erschöpft vom Bürgerkrieg erneut in einem monarchistischen System.

Diese Ära der politischen Revolution war auch ein Zeitalter außergewöhnlicher, überdimensionaler Liebesaffären, von denen Marc Antons berühmtes Verhältnis mit Kleopatra den größten Skandal verursachte. Die neue Kultur der Vergnügung und Eleganz zog die Vorstellung nach sich, sich in jemanden zu verlieben, wäre eine Frage des Lebensstils. Aristokratische Damen begannen, sich nicht mehr wie die verhüllten, strengen Hausmütter zu verhalten, die eigentlich die römische Form der Weiblichkeit darstellten, sondern wie griechische Kurtisanen. Denken Sie etwa an Clodia Metelli. Sie stammte aus einer der herrschaftlichsten römischen Familien, den Claudiern. Sie und ihre Geschwister bevorzugten die plebejische Aussprache ihres Nachnamens, ein Ausdruck ihres ungeheuerlichen Modebewusstseins. Clodia war mit einem der berühmtesten Politiker des Landes verheiratet, den Sie, Gerüchten zufolge, vergiftete. Sie war für ihre Affären genauso berühmt wie für ihre Schönheit, die Veranstaltung skandalöser Feste, das Aufreißen junger Männer und ihre Ausflüge nach Baiae, einem Seebad in der Nähe von Neapel, das den Ruf verbotener Vergnügungen genoss.

Auch Julius Caesar war für seine Liebesaffären berühmt und viele Jahre bevor Marc Anton dasselbe gelang, hatte er ein Verhältnis mit der klugen, charmanten und weltgewandten Kleopatra. Tatsächlich gab Caesar sogar ein ganzes Vermögen aus, um einmal seiner Lieblingsgespielin Servilia (dargestellt von Lindsay Duncan in der großartigen TV-Serie »Rom«) eine einzige, riesige Perle zu kaufen.

Alle römischen Liebesdichter, über die ich schreibe, gingen aus einer Epoche großer Unruhen und politischer Veränderungen hervor. Catull war der Älteste, er wurde 84 vor Christus, also drei Jahre bevor sich Sulla zum Alleinherrscher ernannte, als Sohn einer betuchten Familie aus der Provinz in Verona geboren. Als junger Mann zog er nach Rom und wurde zum Partygänger. Viele Gelehrte glauben, dass »Lesbia«, der er seine Liebesgedichte widmete, in Wirklichkeit ein Pseudonym für Clodia Metelli war. Aus Catulls Gedichten bekommen wir einen Eindruck von seinem Leben und seinem Geschmack: Er besaß eine Vorliebe für die elegante, gelehrte griechische Dichtung, die zwei Jahrhunderte zuvor in Alexandria verfasst wurde. Er war mit hochmodernen Ästheten befreundet, die seine künstlerische Beschäftigung teilten. Er ging auf Feste, verfiel jungen Männern, schnorrte sich Geld zusammen und wurde gehässig (und schrieb die unanständigsten, witzigsten und obszönsten Gedichte über seine Feinde). Er scherte sich einen Dreck um Julius Caesar. Er mochte den Frühling und liebte seinen Bruder. Er empfand eine gewisse Nostalgie für seine Wurzeln im nördlich gelegenen Verona. Die etwas mehr als hundert Gedichte, die er hinterließ, machen einen noch wunderbareren Eindruck, wenn man bedenkt, dass er bei seinem Tod erst etwa dreißig Jahre alt war. Niemand vor ihm verfasste solche Liebesgedichte wie die ungefähr 25, die er Lesbia widmete. Die Griechen schrieben wirklich fantastisch über die Sehnsucht, aber Catull war der Erste, der den gesamten Verlauf einer Liebesaffäre von der ersten Euphorie bis zum quälenden Abstieg in die Bitterkeit festhielt.

Fast alle Dichter, die ich in diesem Buch berücksichtigt habe, stammen aus der Generation nach Catull. Properz wurde 54 v. Chr. geboren und war daher ein Kleinkind, als Catull starb. Seine Familie stammte aus der Klasse der *equites* (»Ritter«) – dem Rang direkt unter den Senatoren, welcher der höchste war – hatte aber Landenteignungen während der Bürgerkriege erlitten. Sein erstes Buch mit Elegien, das sich mit seiner schönen, böswilligen und starrköpfigen Geliebten Cynthia beschäftigt, erschien in den frühen zwanziger Jahren, etwa ein Jahrzehnt nachdem sich Augustus als Alleinherrscher Roms etabliert hatte. Das erste Wort in diesem Buch ist »Cynthia«, eine Illustration seiner völligen Besessenheit. In seinen Gedichten zeichnete er den Zustand seiner Beziehung auf, um das flüchtige Wesen der Sehnsucht möglichst genau festzuhalten.

Nach der Veröffentlichung des Buches landete Properz im Zirkel des etruskischen Millionärs Maecenas, der ein Vertrauter von Augustus und Roms wichtigster literarischer Gönner war. Maecenas war ein Hedonist, der Seidenkleider und teuren Schmuck trug, und ein Gourmet, dem ein fraglos begeistertes Rom angeblich die Einführung der exotischen Speise »Junges Eselsfleisch« verdankt. Wichtiger noch: Er schaffte eine willkommene Pufferzone zwischen Augustus und den Dichtern. Der Herrscher wollte zweifellos großartige, epische Dichtungen, die seine Regentschaft verherrlichen, also Texte in der Art, wie sie die griechischen Dynastien in der Vergangenheit durch Befehl eingeklagt hatten. Anscheinend waren die Dichter im Großen und Ganzen alles andere als begeistert, diesem Wunsch Folge zu leisten. Maecenas handelte taktvoll die Unabhängigkeit der Dichter gegen die Ansprüche des Herrschers aus, bis sein Einfluss in den frühen zwanziger Jahren allmählich schwand.

Vergil war ebenfalls Mitglied des Zirkels um Maecenas. Wie Catull aus der norditalienischen Provinz stammend, wurde er im Jahr 70 v. Chr. in Mantua als Spross einer wohlhabenden, aber nicht sehr bedeutenden Familie geboren. Er wurde 51 Jahre alt und während 19 Jahren seines Lebens wüteten in Rom die Bürgerkriege. In der Zeit nach Julius Caesars Ermordung schrieb er eine Reihe einzigartiger Hirtengedichte, die *Eklogen*. Etwa zehn Jahre später, als Augustus sich nach der Schlacht bei Actium selbst inthronisierte, erschien das Gedicht *Georgica*, das zweitausend Verse umfasst. Scheinbar ein Lehrgedicht über den Landbau, enthält es auch Reflektionen über das ländliche Leben und eine tiefe Zuneigung zur italienischen Landschaft. Als Vergil im Jahr 19 v. Chr. starb, war die *Aeneis,* die zehn Jahre Arbeit in Anspruch nahm, noch nicht abgeschlossen. Falls dieses Werk Augustus' Verlangen nach einem Epos über seine ruhmreichen Leistungen erfüllen sollte, tat es dies nur indirekt, obwohl es bis in die Zeit des Augustus reicht. Sein Held aber war der Trojaner Aeneas, der mythologische Gründer Roms. Mit diesem Werk schenkte uns Vergil die Liebesgeschichte von Dido und Aeneas, eine der grandiosesten, zum Scheitern verurteilten Romanzen, in der die Liebe einen Kampf mit der Pflicht austrägt – und verliert.

Tibull wurde etwa zwei Jahre nach Properz geboren. Wie dieser entstammte er der Klasse der »Ritter« (*equites*) und lebte wie er in ärmlichen Verhältnissen. Ein anonymer Biograph beschreibt ihn als attraktiv und extrem gut gekleidet. Seine erste Gedichtsammlung erschien kurz nach Properz' Debüt. Er gehörte nicht zu Maecenas' Zirkel, sein Gönner war der Adlige, Staatsmann, Redner und Soldat Marcus Valerius Messalla Corvinus. Dessen Nichte Sulpicia verfasste die einzigen Gedichte einer römischen Frau, die bis in die heutige Zeit überliefert wurden (leider nur sechs von ihnen). Sie blieben uns mit den Werken Tibulls erhalten.

Von allen lateinischen Dichtern besaß Horaz die einfachste Herkunft. Etwas früher als Properz und Tibull wurde er 65 v. Chr. im heutigen süditalienischen Puglia geboren. Sein Vater war ein freigelassener Steuereintreiber, der jedoch wohlhabend genug war, um seinem Sohn eine teure Ausbildung in Rom zu ermöglichen. Horaz kämpfte in der Schlacht bei Philippi, in der Octavian und Marc Anton im Jahr 42 v. Chr. Brutus und Cassius niederschlugen, auf der »falschen Seite«, rehabilitierte sich aber erfolgreich, so dass ihn Maecenas im Jahr 38 v. Chr. unter seine Fittiche nahm. Sein Werk ist enorm breit gefächert und umfasst Politik, Ethik, Literaturkritik, Philosophie und – die Liebe. Im Unterschied zu Dichtern wie Properz und Catull schrieb er jedoch nicht über die Traumata und Triumphe in Beziehungen, indem er ein Gedicht nach dem anderen über dieselbe Frau verfasste. Man bekommt in seinen Gedichten ein Gefühl für flüchtige, wenngleich häufig liebevolle Begegnungen und dafür, dass Liebe eine heitere Angelegenheit ist, die mit feiner Ironie betrieben werden muss.

Der erste Band seiner Oden erschien in den Jahren 24 bis 23 v. Chr. Er verfasste insgesamt vier Bücher mit Oden und außerdem Satiren und Episteln. Horaz starb im selben Jahr wie sein Gönner und enger Freund Maecenas, 8 vor Christus.

Nun fehlt noch Ovid. Er wurde als letzter unserer Dichter 43 v. Chr. in Sulmona in Mittelitalien geboren, ein Jahr nach Caesars Ermordung. Als Octavian die Schlacht bei Actium gewann, war er zwölf, daher waren die Schrecken des Bürgerkriegs für ihn zwar aktuell, aber nicht so lebendig wie für seine älteren Kollegen. Er stammte ebenfalls aus der Klasse der *equites* und wurde zunächst in Jura ausgebildet, gab diese Disziplin aber bald auf, um sich voll und ganz der Dichtkunst zu widmen. Sein erstes Werk waren Liebeselegien, die *Amores*. Die *Ars Amatoria*, deutsch »Liebeskunst«, auf die ich mich in diesem Buch stark beziehe, erschien etwa um Christi Geburt und sein Hauptwerk, das wunderbare, barocke Epos *Metamorphosen*, das aus mythologischen Verwandlungsgeschichten besteht, wurde im Wesentlichen etwa 8 n. Chr. fertiggestellt. Aber im selben Jahr fiel er unter mysteriösen Umständen in Ungnade und wurde von Augustus ans Schwarze Meer verbannt. Dort starb er zehn Jahre später und mit ihm der letzte Vertreter einer erstaunlichen Generation von Liebesdichtern, die wohl bis heute nicht übertroffen wurde.

Von den besten Anmachsprüchen bis zu den empfindsamsten Ratschlägen, um eine Trennung zu überwinden, von der Körperpflege bis zu Sex-Tipps, ganz zu schweigen von den reichen Beschreibungen der Emotionen, welche die Liebe uns schenkt: Dies alles steckt in den Gedichten dieser Autoren. Lesen Sie deshalb weiter: Es ist an der Zeit, *Latein für Lovers* zu erlernen.

I. Carpe Diem

Vivamus, mea Lesbia, atque amemus
Leben, Lesbia, wollen wir und lieben!

In einem Artikel über Mottos, die berühmte Frauen in ihrem Alltag inspirieren, erzählte Ann Widdecombe, Abgeordnete der Konservativen von Maidstone and the Weald im britischen Parlament und selbst ernannte Jungfrau, gegenüber der Zeitschrift *Good Housekeeping* Folgendes:

>»Seit ich an der Universität Horaz studierte, halte ich mich an seine Worte ›carpe diem‹ oder ›Pflücke den Tag‹. Ich spürte sofort, dass ich mein Leben so führen möchte. Ich interpretiere ›carpe diem‹ als Aufforderung, den Tag optimal auszuschöpfen, da man nie weiß, ob es noch ein Morgen gibt. Meine Grundeinstellung war immer, eine Gelegenheit zu ergreifen, wenn sie sich bietet.«

Dies ist ein wundervoll kurzsichtiger Blick auf Horaz' großartige Ode I, 11. Falls es überhaupt verzeihlich ist, ein großartiges Gedicht auf einen simplen Gedanken zu reduzieren, lautet seine eigentliche Bedeutung: »Lass uns ins Bett gehen und zwar sofort.« Es geht zweifellos um das Ergreifen von Gelegenheiten, genauer gesagt, sexuellen Gelegenheiten. Lass deine Chance nicht vorüberziehen, meint der Dichter. Wer weiß, wie lange wir noch leben?

Schauen wir uns die lateinischen Worte an:

Tu ne quaesieris – scire nefas – quem mihi, quem tibi
Finem di dederint, Leuconoë, nec Babylonios
Temptaris numeros. ut melius, quicquid erit, pati!

Seu plures hiemes, seu tribuit Iuppiter ultimam,
Quae nunc oppositis debilitat pumicibus mare
Tyrrhenum. sapias, vina liques, et spatio brevi
Spem longam reseces. dum loquimur, fugerit invida
Aetas: carpe diem, quam minimum credula postero.

 Frage nicht, denn es wäre nicht recht zu wissen, welches Ende mir, welches dir/ Die Götter bestimmt haben, Leukonoë, und lass dich auch nicht auf die babylonische/ Sterndeutung ein! Wie viel besser ist's, was immer geschieht, hinzunehmen,/ Ob nun Jupiter noch mehr Winter gewährt oder den als letzten,/ Der jetzt an den ragenden Lavaklippen das tyrrhenische Meer sich brechen lässt./ Sei vernünftig! Kläre den Wein und stutze auf ein bescheidenes Maß/ Deine weit gespannten Hoffnungen zurück! Während wir plaudern, entflieht neidisch/ Die Zeit. Genieße den Tag und verlass dich möglichst wenig auf den nächsten!

Über Leukonoë, der dieses Gedicht gewidmet ist, wissen wir nichts. Ist sie Griechin (worauf ihr Name hindeutet), oder handelt es sich um ein Pseudonym für eine Römerin? Ist sie eine Sklavin, eine Freigelassene oder eine Kurtisane oder nicht? Hat sie überhaupt existiert? All das spielt keine Rolle. Die Szenerie ist folgende: Sie befragt verängstigt die Horoskope, um herauszufinden, wie lange sie und Horaz noch der Mühsal des Irdischen unterzogen sind. Das ergibt aber keinen Sinn, sagt Horaz – wir können nicht wissen, was das Leben noch für uns bereithält und wir sollten es auch nicht herauszufinden versuchen. Nach allem, was wir wissen, könnten wir morgen schon sterben. In Wirklichkeit verschwenden wir sogar Zeit, indem wir uns darüber unterhalten. Lass uns ins Bett gehen. Und dort flößt Du uns ein Getränk ein – »*vina liques*« oder wörtlich »siebst Du uns den Wein« (In einer Übersetzung, die mir vorliegt, wird diese Passage mit »beschäftigt mit Aufgaben im Haushalt« übersetzt. Darüber muss ich schmunzeln, denn diese Version will offenbar vermitteln, dass Leukonoë eine kleine Pause zum Staubwischen einlegt. Das entspricht überhaupt nicht meiner Vorstellung von »*carpe diem*«).

Wenn Sie »*carpe diem*« verwenden, um jemanden ins Bett zu bekommen – wie es zweifellos unzählige Liebhaber seit der Veröffentlichung dieses Gedichts im Jahr 23 v. Chr. getan haben – handeln Sie völlig im Geiste Horaz'. Obwohl viele Lateinlehrer ihn als etwas spießigen und biederen, mit tadellosen Tugenden ausgestatteten Mann darstellen, war er ein solcher Lüstling, dass ihm von Kaiser Augustus sogar der ziemlich kompromittierende Spitzname »*purissimus penis*«, oder »reinster Penis« verliehen wurde.

Das Wort »*carpe*« – »*carpere*« bedeutet »pflücken« und wird häufig im Zusammenhang mit Blumen verwendet. »Blumen pflücken« ist in der antiken Literatur aber fast immer eine erotische Metapher. In der Antike pflückte man sich gegenseitig die Unschuld, als gäbe es kein Morgen. Glückwunsch!, weiter so, ich bin sicher, das ist extrem effektiv. Wer von Ihnen noch nie »*carpe diem*« benutzt hat, sollte ernsthaft überlegen, diese Wendung in sein Repertoire aufzunehmen, notfalls auf deutsch, wenn die Umstände es erfordern (Und denken Sie auch immer an safer sex, wenn Sie vorhaben, »*plures hiemes*« »mehrere Winter« zu genießen).

Es trifft sich, dass es in der allerersten Episode von *Buffy – Im Bann der Dämonen* eine »*carpe diem*«-Stelle gibt, die wir dem Drehbuchautor Joss Whedon zu verdanken haben. Diese kommt dem Geist des Originals viel näher als die humorlose Interpretation einer englischen Parlamentsabgeordneten.

Im »Bronze«, dem einzigen Nachtclub von Sunnydale, unterhält sich Buffy mit ihrer neuen Schulfreundin Willow. Diese erklärt ihr, dass es ihr schwer fällt, sich zu verabreden, da sie in Gegenwart von Jungen, die sie attraktiv findet, immer in eine lähmende Schüchternheit verfällt.

Buffy gibt ihr diesen Ratschlag:

»Buffy: Nun, meine Philosophie ... Willst du meine Philosophie hören?
Willow: Ja.
Buffy: Das Leben ist kurz.
Willow: Das Leben ist kurz?
Buffy: Zugegeben, eigentlich nicht, aber in Wirklichkeit schon. Warum verschwendest du deine Zeit damit, schüchtern zu sein und dich zu fragen, ob dich ein Junge anlächelt? Nutze den Augenblick, denn morgen könntest du schon tot sein.«

Der Witz daran ist, dass sie in der Tat beide mit hoher Wahrscheinlichkeit am nächsten Tag tot sind, weil sie, was Willow nicht weiß, am Eingang zur Hölle in einer Stadt leben, die von Vampiren und Dämonen überschwemmt ist. Es gibt noch eine weitere Wendung: Kurz darauf sehen wir, wie Buffy mit ihrem Wächter (eine Art Mentor und Ratgeber) spricht, der ihr vorwirft, ihrer Berufung als Vampir-Jäger nur unzureichend nachzukommen. Kann sie zum Beispiel spüren, ob gerade Vampire in der Nähe sind? Ja, sagt Buffy, da ist einer, ich erkenne ihn an seinem Äußeren (»Ist seine Kleidung aus der Mode?« fragt Giles, der Wächter. »Völlig! Glaub mir, nur jemand, der seit zehn Jahren im Untergrund lebt, kommt auf die Idee, dass das gut aussieht«, bestätigt Buffy). Aber plötzlich erkennt Buffy, dass das Mädchen, mit dem der Vampir redet, Willow ist – die eifrig Buffys Ratschlag befolgt, den Augenblick zu nutzen und dabei auf dem besten Wege ist, den tödlichen Kuss des Vampirs in Empfang zu nehmen.

An dieser Stelle ist es wichtig, darauf hinzuweisen, dass das Handeln im Geiste von »*carpe diem*« nicht ohne Fallstricke ist. Nutze den Tag, aber benimm dich nicht wie ein kompletter Idiot.

Es gibt eine weitere Stelle, an der das Zitat vorkommt, für die ich eine Schwäche habe, obwohl der Sinn von »*carpe diem*« (allerdings nicht so fromm wie bei Frau Widdecombe) ebenfalls verfehlt wird. In dem Meisterwerk des modernen Kinos *Clueless – Was sonst!* (1995), einer geistreichen Adaption von Jane Austens *Emma*, geht die großartige, aber mit Fehlern behaftete Cher (gespielt von Alicia Silverstone) mit Christian, der Frank Churchill aus Jane Austens Roman nachgeahmt ist und sich nach anfänglichem Beziehungsinteresse zu ihrem besten schwulen Freund entwickelt hat, einkaufen.

»Christian: Schau, diese Jacke. Ist sie von Jason Priestley oder James Dean?
Cher: *Carpe diem!* Du siehst scharf darin aus.«

Sie müssen sich *carpe diem* als »caapi daiem« vorstellen, in der vollen Pracht des kalifornischen Dialekts der Schauspielerin.

Wenn wir schon bei Filmen sind, muss ich die Ansprache erwähnen, die Robin Williams als Lehrer John Keating in *Club der toten Dichter* hält. Sie erinnert mich ein wenig an Ann Widdecombe. Vielleicht erinnern Sie sich, dass Professor Keating die piekfeinen, ihm anvertrauten Schüler, davon begeistern möchte, dem Beispiel der toten Dichter zu folgen, sich über dumpfe Konventionen und den Status quo hinwegzusetzen.

»Sie unterscheiden sich nicht so sehr von euch, oder? Gleiche Frisur. Voller Hormone wie ihr. Unbesiegbar, wie auch ihr euch fühlt. Die Welt liegt ihnen zu Füßen. Wie viele von euch glauben sie, für Großes bestimmt zu sein, ihre Augen sind wie eure voller Hoffnung. Haben Sie gewartet, bis es zu spät war, um das aus ihrem Leben zu machen, wozu sie imstande waren? Nun, meine Herren, schauen sich diese Jungs die Radieschen von unten an.

Aber wenn ihr genau aufpasst, könnt ihr hören, wie sie euch ihr Vermächtnis zuflüstern. Geht näher ran. Hört hin – *carpe* – hört ihr es? – *carpe, carpe diem,* nutze den Tag, Jungs, macht etwas Außergewöhnliches aus eurem Leben.«

Wir kommen glücklicherweise zurück zum Sex. Eine weitere Seite des Gedanken »Lass uns weitermachen« ist »Verschwende nicht deine Jugend«, wie im Lied des Narren in Shakespeares Stück *Was ihr wollt*:

> »Was ist die Lieb'? Sie ist nicht künftig;
> Gleich gelacht ist gleich vernünftig,
> Was noch kommen soll, ist weit.
> Wenn ich zögre, so verscherz ich;
> Komm denn, Liebchen, küss mich herzig!
> Jugend hält so kurze Zeit.«

Das hübsche »Young Vic Theatre« in London hätte beinahe »Jugend hält so kurze Zeit« überall in ihrer Bar an die Wände geschrieben, einmal als einfühlsame Erinnerung an die Sterblichkeit (Young Vic/ Jugend hält so kurze Zeit ... Sie verstehen?) und außerdem als kräftigen Antrieb zur Verführung ihrer Kunden. Dann haben sie jedoch entschieden, dass das wohl ein bisschen zu großspurig wäre.

Der Dichter Tibull brachte es in ähnlicher Weise zum Ausdruck. Das folgende Zitat stammt aus dem Ersten Gedicht seines ersten Buchs der Elegien (veröffentlicht im Jahr 27 v. Chr.). Viele seiner Liebesgedichte sind an eine Frau namens Delia gerichtet, wenngleich es noch eine weitere Freundin mit dem freundlichen Namen Nemesis – nach allem was man hört keine gute Partie – und einen Freund namens Marathus gibt.

Interea, dum fata sinunt, iungamus amores:
Iam veniet tenebris Mors adoperta caput;
Iam subrepet iners aetas, neque amare decebit,
Dicere nec cano blanditias capite.

Indessen, solange das Schicksal es erlaubt, wollen wir uns in Liebe vereinen:
Bald kommt der Tod, das Haupt von Finsternis umhüllt.
Bald schleicht das träge Alter heran, und wenn das Haar ergraut ist,
schickt es sich nicht mehr, verliebt zu sein und Koseworte zu sagen.

Bis zu einem gewissen Grad ist Tibull genau das Richtige, wenn Sie eine langfristige Beziehung, bis dass der Tod uns »*iners aetas*«, »im trägen Alter« mit grauen Haaren scheidet, anstreben.

In *An die Jungfrauen, aus der Zeit das beste zu machen* (To the Virgins, to Make Much of Time) empfiehlt Robert Herrick, englischer Dichter des 17. Jahrhunderts, etwas dringlicher:

Pflück Deine Rosenknospen, solange sie blüh'n
Die Zeiten im Fluge verwehen
und die gleiche Blume, die heute Dir lacht
wird morgen schon vergehen.

In der letzten Zeile steckt der Pferdefuß. Die Zeit rast. Der Schritt vom Lachen zum Tod ist klein. Dies unterscheidet sich nicht allzu sehr von Ovids frecher Version dieses Gedankens im dritten Buch seiner *Ars Amatoria*, wo der Gedanke des *carpe diem* in einen ziemlich zynischen Ratschlag zur Aufreißtechnik von Frauen gewendet wird – wie man vermuten darf, zum Wohle des Mannes. Seine Botschaft? Geht raus Mädels und habt Spaß, bevor ihr nicht mehr gut aussteht: Es ist leichter, Sex zu haben, wenn ihr jung seid und eure Figur noch nicht durch Geburten ruiniert ist. Im Grunde werdet ihr

doch alle als verblühte, alte Hexe enden, die nachts die ganze Zeit allein in ihrem Bett liegt. Ich bin sicher, dass Sie – wie ich – Ovid für die Erinnerung dankbar sind, dass schlaffe Haut, ein Gehwagen und Inkontinenzwindeln schon hinter der nächsten Ecke lauern.

Quam cito, me miserum, laxantur corpora rugis
Et perit, in nitido qui fuit ore, color,
Quasque fuisse tibi canas a virgine iures
Sparguntur subito per caput omne comae!
Anguibus exuitur tenui cum pelle vetustas,
Nec faciunt cervos cornua iacta senes;
Nostra sine auxilio fugiunt bona: carpite florem,
Qui, nisi carptus erit, turpiter ipse cadet.
Adde, quod et partus faciunt breviora iuventae
Tempora: continua messe senescit ager.
   Ars Amatoria III, 73-82

Weh mir, wie schnell wird der Körper doch schlaff und runzelig, und die Farbe, von der das Gesicht schimmerte, ist dann dahin.
Haare, die – du möchtest schwören – schon grau waren, als du ein Mädchen Warst, die verbreiten sich jetzt plötzlich dir über den Kopf.
Mit ihrer dünnen Haut ziehn Schlangen ihr Alter aus; Hirsche Macht es, wenn sie ihr Geweih abwerfen, nicht grade alt.
Rettungslos schwinden dahin unsre Vorzüge; pflücket die Blume!
Pflückt ihr sie nicht, dann fällt schmählich von selber sie ab.
Nimm hinzu, dass Geburten die Zeit der Jugend verkürzen;
Erntet man ständig ihn ab, schwindet dem Acker die Kraft.

Er treibt den Gedanken des »*carpe diem*« bis zu seiner reichlich unerfreulichen Schlussfolgerung: Wenn man die Blume nicht pflückt, *carpite florem*, verblüht sie am Stängel. Ungepflückt verblüht man am

Stängel und gepflückt läuft man Gefahr, zu viel gegossen zu werden. Hat jemand behauptet, eine Frau hätte es leicht?

Weit heiterer im Geiste des »Lass uns Sex haben« ist das wunderbare Fünfte Gedicht von Catull, eines der berühmtesten der antiken Literatur überhaupt. Seiner Freundin Lesbia gewidmet, ist es ein fabelhaftes Manifest, das Leben beim Schopf zu packen und mit Hingabe Sex zu haben, ganz gleich, welche kleinkarierten Missbilligungen von verbitterten und neidischen Schwarzmalern einem entgegenschlagen. Schon die erste Zeile reicht, um verführt zu werden.

Vivamus, mea Lesbia, atque amemus
Rumoresque senum severiorum
Omnes unius aestimemus assis.
Soles occidere et redire possunt;
Nobis, cum semel occidit brevis lux,
Nox est perpetua una dormienda.
Da mi basia mille, deinde centum,
Dein mille altera, dein secunda centum,
Deinde usque altera mille, deinde centum.
Dein cum milia multa fecerimus,
Conturbabimus illa, ne sciamus
Aut ne quis malus invidere possit,
Cum tantum sciat esse basiorum.

Leben, Lesbia, wollen wir und lieben!
Was sie schwatzen die allzu strengen Alten,
Soll uns alles nicht *einen* Pfennig wert sein!
Sonnen sinken hinab und kehren wieder;
Unser winziges Licht, erlischt es einmal,
Dann umfangen uns Nacht und Schlaf für ewig.
Gib der Küsse mir Tausend und dann Hundert,

Dann noch Tausend und noch ein zweites Hundert,
Und so immerzu Tausend und noch Hundert.
Sind's dann recht viele Tausend, bringen wir sie
Durcheinander, auf dass wir nichts mehr wissen
Und damit uns kein schlechter Mensch es neide,
Wenn er weiß, dass es soviel Küsse waren.

Eine ziemlich schöne Variante dessen findet man in den ersten Zeilen der ersten Strophe eines längeren Gedichts des Dichters und Komponisten Thomas Campion, der im sechzehnten und siebzehnten Jahrhundert lebte.

»Süßeste Lesbia, leben wollen wir und lieben,
Auch wenn die Klügeren unsere Taten rügen,
Lass uns ihnen nicht gehorchen: Die großen Lampen des Himmels
gehen unter und wieder auf,
aber sobald unser kleines Licht angeht,
müssen wir eine ewig dauernde Nacht schlafen.«

Vivamus atque amemus: Leben wollen wir und lieben. Wenn Sie wie Ann Widdecombe ein Motto brauchen, dann ist dies eines, das sich lohnt.

II. Ovids Aufreissprogramm in drei Schritten

Arte regendus Amor
Bei der Liebe ist die Technik entscheidend

Glücklicherweise haben die Römer dem angehenden *Latin Lover* ein unfangreiches, detailliertes, skandalöses, witziges, zynisches, explizites und dennoch unglaublich benutzerfreundliches Handbuch hinterlassen, in dem steht, wie man den Mann oder die Frau seiner Träume findet und bei der Stange hält. Ovids berühmtes Gedicht *Ars Amatoria*, deutsch »Liebeskunst«, erschien etwa zu der Zeit, als Jesus auf der anderen Seite des Mittelmeers zahnte. Und dennoch leistet es bessere Dienste als all das Zeug, das Sie in der Lebenshilfe-Abteilung Ihrer Buchhandlung finden.

Der Begriff *Ars* bezeichnet in der Antike eine Anleitung. Es handelt sich um ein didaktisches Gedicht, also ein Gedicht, das darauf ausgerichtet ist, Ihnen etwas beizubringen. Die Vorläufer im Genre des didaktischen Gedichts drehten sich um äußerst seriöse Themen wie Landwirtschaft (*Werke und Tage* des griechischen Dichters Hesiod und Vergils *Georgica*) und Naturwissenschaften (Lukrez' *Über die Natur der Dinge*). Ovids *Ars Amatoria* verfolgt eine gänzlich andere Absicht. Statt den Leser über die richtige Jahreszeit zum Beschneiden von Weinstöcken oder die Funktionsweise der Atome aufzuklären, liefert sie ein Füllhorn brillanter Informationen über Sexualstellungen und das Erreichen maximaler Anziehungskraft durch das äußere Erscheinungsbild. Ovid bediente sich eines ernsthaften, akademischen und literarischen Genres und machte daraus etwas Gewagtes und Spannendes.

Soweit es den Kaiser betraf, lag dieses Gedicht leider nicht auf der Parteilinie. Obwohl Augustus in seiner Jugend ein ausschweifendes Liebesleben genoss, war er zum Zeitpunkt des Erscheinens der *Ars Amatoria*, vermutlich zwischen 2 v. Chr. und 2 n. Chr., stark von familiären Werten beseelt. In der bekannten Fernsehserie von 1976 *Ich, Claudius, Kaiser und Gott*, die auf der Romanvorlage von Robert Ranke-Graves basiert, sagt Augustus (gespielt von Brian Blessed) über Ovid:

> »Ich mochte diesen Mann noch nie. Natürlich sind seine Gedichte schön. Aber sie sind auch sehr schmutzig und oft geradezu anstößig. Offen gestanden möchte ich ihn nicht im Haus haben … Gedichte sollten von schönen Dingen handeln, die für die ganze Familie bestimmt sind.«

Diese Sätze sind natürlich völlig aus der Luft gegriffen, aber auch nicht ganz unplausibel.

Im Jahr 8 v. Chr. ließ Augustus den armen Ovid seine Missachtung spüren und verbannte ihn in das entlegene und tief provinzielle Tomi am Schwarzen Meer, das in der Gegend des heutigen Konstanza in Rumänien liegt (und außerdem kein Ort ist, an dem man zwangsläufig zehn Jahre seines Lebens verbringen möchte). Obwohl seine Frau in Rom blieb und um seine Begnadigung kämpfte, schaffte Ovid es nicht, zurückzukehren und starb im Jahr 18 n. Chr. am Ort seines Exils. Den Grund für seine Verbannung aus dem geliebten Rom fasste Ovid ziemlich knapp mit »*carmen et error*«, ein Gedicht und ein Fehler, zusammen. Das Gedicht war die *Ars* und beim genannten Fehler handelte es sich vermutlich um ein sexuelles oder politisches Kavaliersdelikt, das möglicherweise mit Augustus' Verbannung seiner Enkelin Julia wegen angeblichen Ehebruchs im selben Jahr in Verbindung zu bringen ist.

Genug Geschichte, es ist an der Zeit, sich dem wichtigen Thema der Verführung nach römischem Stil zu widmen. Ovids brillantes Aufreißprogramm besteht aus drei Schritten: Vorbereitung, Begegnung mit potenziellen Partnern und Kontaktpflege.

Ovids erster Schritt: Vorbereitung

Das wichtigste Element bei der Partnersuche ist das äußere Erscheinungsbild. Wie jeder Marketingexperte weiß, ist eine attraktive Verpackung die halbe Miete beim Verkauf eines Produkts. Dies gilt gleichermaßen für Frauen und Männer und glücklicherweise gibt es in der *Ars Amatoria* Kapitel für beide Geschlechter, die auf drei Bücher verteilt sind: Das erste wendet sich an Männer, die eine Partnerin suchen, das zweite handelt davon, wie man seinen Partner bei Laune hält und das dritte ist für Frauen, die nach einem Mann Ausschau halten.

Zunächst die Männer:

Munditie placeant, fuscentur corpora Campo;
Sit bene conveniens et sine labe toga.
Lingua nec rigeat; careant rubigine dentes;
Nec vagus in laxa pes tibi pelle natet.
Nec male deformet rigidos tonsura capillos:
Sit coma, sit trita barba resecta manu.
Et nihil emineant et sint sine sordibus ungues,
Inque cava nullus stet tibi nare pilus.
Nec male odorati sit tristis anhelitus oris,
Nec laedat nares virque paterque gregis.
Cetera lascivae faciant concede puellae
Et si quis male vir quaerit habere virum.
    Ars Amatoria I, 513-524

33

Sauber, damit er gefällt, und gebräunt sei vom Marsfeld der Körper;
Fleckenlos sei sie, und gut sitze die Toga an dir.
Vorstehen soll nicht die Schuhlasche, rostfrei seien die Häkchen;
Nicht so weit, dass der Fuß locker drin schwimmt, sei der Schuh.
Nicht sei zu Stacheln dein Haar in entstellender Weise geschoren;
Lass von geübter Hand Haare dir schneiden und Bart.
Nicht zu lang lass die Nägel dir wachsen, lass frei sie von Schmutz sein,
Und aus dem Nasenloch steh' niemals ein Haar dir hervor.
Nicht komme widriger Atem aus übelriechendem Munde.
Nicht stör' Nasen der Bock, welchem die Herde gehorcht.
Überlasse das Weitere den lockeren Mädchen und jenem,
Welcher, halb nur ein Mann, andere Männer umwirbt.

Ich denke, wir hüllen den Mantel des Schweigens über Ovids kleinen Seitenhieb gegen Männer, die auf Männer stehen. Generell geht es ihm um einen Ansatz, der aus einem vernünftigen Mittelweg zwischen einem ungewaschenen, echten Kerl und der wilderen Variante der Metrosexualität im Stile eines David Beckham besteht. In der Passage unmittelbar vor dem Zitat warnt er davor, das männliche Schönheitsprogramm zu übertreiben: »*sed tibi nec ferro placeat torquere capillos/ nec tua mordaci pumice crura teras*« – »Nicht aber soll's dir gefallen, mit Eisen die Haare zu kräuseln;/ Nicht soll glattreiben dir kratziger Bimsstein das Bein«. Ovid scheint die vollständige und endgültige Enthaarung eindeutig zu missbilligen. Wie sein Verhältnis zu Feuchtigkeitscremes und Männerhandtaschen aussieht, ist leider unklar, aber ich vermute, er hätte diese mit milder Verachtung gestraft. Sein absolut stichhaltiger Ratschlag lautet, dass ein Mann, der auf Frauen anziehend wirken will, großen Wert auf Hygiene legen, sich als stilvoll erweisen und (darauf können wir vermutlich alle das Glas erheben) definitiv weniger Nasenhaare haben sollte.

Natürlich ist für die Frauen eine ähnliche Detailverliebtheit erforderlich. Er rät von einer Körperbehaarung im Stil von Julia Roberts ab. »*Quam paene admonui, ne trux caper iret in alas/ neque forent duris aspera crura pilis*« – »Fast hätt' ich euch noch ermahnt: Lasst den trotzigen Bock unter eure/ Achseln nicht kommen; das Bein sei nicht von Borstenhaar rauh.«

Das Make-up sollte diskret sein und den Herren nicht den geringsten Hinweis geben, wie viel Anstrengungen damit verbunden waren. Es geht darum, sich einen geheimnisvollen Nimbus zu bewahren.

Non tamen expositas mensa deprendat amator
Pyxidas: ars faciem dissimulata iuvat.
    Ars Amatoria III, 209-210

Nie aber soll der Liebhaber Schminktöpfchen, die auf dem Tisch stehn,
Vorfinden. Nur eine Kunst, die ihr verheimlicht, macht schön.

Präsentiere dich einfach traumhaft »perfekt«, als eigenständige Persönlichkeit, wie es alle grauenhaften Ratgeber für die erste Verabredung empfehlen. Wir sind nicht daran interessiert, einen Marmorblock oder die Vorgänge in einem Künstleratelier zu sehen, sondern nur die schöne, fertiggestellte Skulptur.

Frisuren spielen eine gewisse Rolle für ihn – wenn doch nur die Schönheitstipps in der *Vogue* so lyrisch schwärmen würden wie die folgenden Zeilen:

Munditiis capimur: non sint sine lege capilli;
Admotae formam dantque negantque manus.
Nec genus ornatus unum est: quod quamque decebit,
Eligat et speculum consulat ante suum.

Longa probat facies capitis discrimina puri:
Sic erat ornatis Laodamia comis.
Exiguum summa nodum sibi fronte relinqui,
Ut pateant aures, ora rotunda volunt.
Alterius crines umero iactentur utroque:
Talis es adsumpta, Phoebe canore, lyra;
Altera succinctae religetur more Dianae,
Ut solet, attonitas cum petit illa feras.
  Ars Amatoria III, 133-144

Sauberkeit nimmt uns ein; nicht ungekämmt seien die Haare,
Denen ein Handgriff die Form geben kann oder auch nimmt.
Mehr als nur eine Frisur gibt's; es soll eine jede, was ihr steht,
Wählen; sie frage dabei erst ihren Spiegel um Rat.
Lange Gesichter vertragen recht gut einen sauberen Scheitel;
Diese Frisur ist es, die Laodamia einst trug.
Über der Stirn soll ein kleiner Haarknoten bleiben, so dass die
Ohren noch sichtbar sind: So will es das runde Gesicht.
Fallen soll über die beiden Schultern das Haar bei der einen;
Sänger Phoebus, *so* siehst, greifst du zur Leier, du aus.
Binde die andre sich's auf wie die hochgeschürzte Diana,
Wie sie's gern trägt auf der Jagd nach dem verängstigten Wild.

Die Fernsehserie *Rom*, die während der letzten Jahre der Republik spielt, vermittelt einen ausgezeichneten Eindruck, welche komplizierten Frisuren zur damaligen Zeit in Mode waren. Lindsay Duncan, die Julius Caesars Geliebte Servilia spielt, und Polly Walker als die urkomische Atia, Octavians Mutter, tauchen mit immer ausgefalleneren Locken und Zöpfen aus ihren Schlafzimmern auf, nachdem sie sich stundenlang mit ihren »Kosmetiksklaven« zurückgezogen haben. Gelingt es Ihnen nicht, sich eine großartige Perücke zu besorgen, die von einer unglücklichen, gallischen Gefangenen geflochten wurde, empfehle ich Ihnen mit Ovid: Achten Sie bei Ihrer Frisur sorgfältig darauf, dass sie Ihnen steht. Die Laodamia, die in dieser Passage erwähnt wird, war übrigens mit Protesilaos verheiratet, dem armen Kerl, der als erster Grieche im Trojanischen Krieg starb.

Der letzte Schritt der Schönheitsbehandlung ist mentaler Natur. Ovid empfiehlt, sich ein wenig lateinischer Lyrik zu widmen, und das ist erfreulicherweise genau das, was die Lektüre dieses Buches Ihnen bietet.

Et teneri possis carmen legisse Properti
Sive aliquid Galli sive, Tibulle, tuum
Dictaque Varroni fulvis insignia villis
Vellera germanae, Phrixe, querenda tuae
Et profugum Aenean, altae primordia Romae,
Quo nullum Latio clarius extat opus;
Forsitan et nostrum nomen miscebitur istis
Nec mea Lethaeis scripta dabuntur aquis
Atque aliquis dicet »nostri lege culta magistri
Carmina, quis partes instruit ille duas,
Deve tribus libris, titulo quos signat AMORVM,
Elige, quod docili molliter ore legas … «
     Ars Amatoria III, 333-344

Auch ein Gedicht des Properz, des zärtlichen, könntest du lesen
Oder ein Gallusgedicht oder, Tibull, was von dir
Oder, besungen von Varro, das Vlies, geschmückt mit den goldnen
Wollzotteln – Phrixus, es schuf einst deiner Schwester schon Leid –
Und den Flüchtling Aeneas, den Uranfang des erhabnen
Rom, das berühmteste Werk, das es in Latium gibt.
Und vielleicht gerät unter diese Namen auch meiner,

Und, was ich schrieb, wird nicht Opfer des Lethestroms sein,
Und es wird einer sagen: »Lies die gepflegten Gedichte
Unseres Lehrers, worin beide Partein er belehrt,
Oder aus den drei Büchern des Werks mit dem Titel AMORES
Wähl etwas aus und das lies ausdrucksvoll und mit Gefühl…«

Schön zu sehen, wie Ovid ein wenig Werbung in eigener Sache betreibt. Später kann ich Ihnen noch Appetithappen von Properz, Tibull und Vergil anbieten, aber leider sind die Werke von Gallus und Varro in Vergessenheit geraten und nur bruchstückhaft überliefert. »Die arme Helle« war eine Figur in Varros verschollener Übersetzung eines griechischen Versepos mit dem Namen Argonautica, das vom Goldenen Vlies handelte. Sie ritt auf dem goldenen Schafsbock, als dieser das Meer zwischen Griechenland und der heutigen Türkei durchquerte, als sie abgeworfen wurde und ertrank – wodurch die Bezeichnung »Hellespont« (heute: Dardanellen) entstand.

Gallus' Gedichte über seine Freundin Lycoris waren berühmt und wurden von seinen jüngeren Zeitgenossen hoch geschätzt, nicht nur von Ovid, sondern auch von Vergil und Properz. Er war Soldat, kämpfte für Octavian (den späteren Kaiser Augustus) gegen Marc Anton und wurde nach dessen Niederlage in der Schlacht bei Actium 31 v. Chr. zum Präfekten von Ägypten ernannt. Das war ein äußerst wichtiges Amt, aber einiges lief schief. Er fiel in Ungnade (vielleicht weil er die Lebensweise der Einheimischen annahm oder sich zu viel auf sich einbildete) und beging wie viele römische Prominente, die mit einem öffentlichen Skandal konfrontiert wurden, 27 v. Chr. Selbstmord.

Ovids zweiter Schritt: Begegnung mit potenziellen Partnern

Man findet keinen Partner, wenn man zu Hause sitzt. Man muss hinaus in die Stadt und dafür sorgen, Leute zu treffen. Riskier etwas, empfiehlt Ovid: Sprich die hübschen Mädchen an, die sich am Apollo-Tempel auf dem Palatin oder im Hafen von Pompeji herumtreiben. Und ihr Mädchen solltet niemals eine Einladung zu einem Fest ausschlagen:

Sera veni positaque decens incede lucerna:
Grata mora venies, maxima lena mora est;
Etsi turpis eris, formosa videbere potis,
Et latebras vitiis nox dabit ipsa tuis.
Carpe cibos digitis (est quiddam gestus edendi),
Ora nec immunda tota perungue manu;
Neve domi praesume dapes, sed desine citra
Quam capis: es paulo, quam potes esses, minus.
Priamides Helenen avide si spectet edentem,
Oderit et dicat »stulta rapina mea est«.
        Ars Amatoria III, 751-760

Spät komm, tritt voll Anmut beim Lampenlicht ein. Die Erwartung
Macht dein Erscheinen erwünscht, schafft dir am schnellsten Kontakt.
Bist du auch hässlich, Betrunknen wirst dennoch schön du erscheinen,
Und allein schon die Nacht macht, dass man Mängel nicht sieht.
Iss mit den Fingerspitzen – man kann ja auch eindrucksvoll essen –,
Schmier das Gesicht dir nicht voll mit deiner fettigen Hand.
Iss auch nicht vorher daheim; doch hör auf, bevor du die Grenze
Dessen erreichst, was du schaffst; iss nicht so viel, wie du kannst.
Würde doch Priamos' Sohn, wenn er sähe, wie Helena gierig
Reinschlingt, von Abscheu erfüllt sagen: »Welch törichter Raub!«

Paris ist übrigens der Prinz von Troja. Auf die Frage, wer von den drei Göttinnen Minerva, Venus oder Juno die schönste sei, wählte er Venus. Diese belohnte ihn mit einem fantastischen Preis – der schönsten Frau der Welt. Welch extremes Pech, dass Helena bereits mit Menelaos, dem König von Sparta, verheiratet war. Als Paris mit ihr nach Troja floh, war das der Auslöser für den griechischen Feldzug: Den Trojanischen Krieg.

Männer, vermutlich solltet ihr das schmeichelhafte Licht berücksichtigen, bevor ihr die Frauen beurteilt:

Hic tu fallaci nimium ne crede lucernae:
Iudicio formae noxque merumque nocent.
Luce deas caeloque Paris spectavit aperto,
Cum dixit Veneri »vincis utramque, Venus.«
Nocte latent mendae vitioque ignoscitur omni,
Horaque formosam quamlibet illa facit.
Consule de gemmis, de tincta murice lana,
Consule de facie corporibusque diem.
      Ars Amatoria I, 245-252

Hier trau du nicht zu sehr der täuschenden Lampen, denn wenn du
Schönheit beurteilen willst, schaden die Nacht und der Wein.
Paris betrachtete auch die Göttinnen tags und im Freien,
Als er zu Venus »Besiegt, Venus, hast beide du« sprach.
Nachts sind die Fehler versteckt, man verzeiht dann jeglichen Makel;
Jede beliebige Frau macht diese Tageszeit schön.
Geht es um Edelsteine, um purpurfarbige Wolle,
Körperbau oder Gesicht, frage den Tag du um Rat!

Wie soll man mit jemandem ein Gespräch beginnen, für den man schwärmt? Ganz einfach, meint Ovid. Im Folgenden ein Beispiel: Man sitzt neben einem Mädchen auf der Rennbahn …

Hic tibi quaeratur socii sermonis origo,
Et moveant primos publica verba sonos:
Cuius equi veniant facito studiose requiras,
Nec mora, quisquis erit cui favet illa, fave.
At cum pompa frequens caelestibus ibit eburnis,
Tu Veneri dominae plaude favente manu;
Utque fit, in gremium pulvis si forte puellae
Deciderit, digitis excutiendus erit;
Etsi nullus erit pulvis, tamen excute nullum:
      Ars Amatoria I, 143-151

Hier nun suche mit ihr ein vertrautes Gespräch zu beginnen;
Was man dabei so sagt, lasse sie hören zuerst.
Frage du eifrig danach, wessen Pferde es sind, die da kommen.
Halt zu demselben wie sie, wer es auch sein mag, sogleich.
Doch wenn der Festzug sich naht mit den elfenbeinernen Göttern,
Klatsch mit begeisterter Hand Venus, der Herrscherin, zu.
Und wenn vielleicht – wie's oft so geht – in den Schoß deines Mädchens
Staub fällt, dann schüttle sofort mit deinen Fingern ihn ab.
Ist es nichts mit dem Staub, dann schüttle dennoch das Nichts ab.

Ein potenzieller Verführer könnte einen Wink mit dem Zaunpfahl geben, indem er der Liebesgöttin heftig applaudiert, wenn der Festzug der Götterbilder vorbeizieht. Und der Kühne könnte sogar versuchen, die Angebetete zu begrapschen. Schon 2 Jahre nach Christi Geburt war der Trick mit dem Staubabwischen eine zuverlässige und vertraute Methode.

Ovids dritter Schritt: Kontaktpflege

Sie haben einem potenziellen Liebhaber Avancen gemacht, aber wie schaffen Sie es, tatsächlich Ihr Ziel zu erreichen? Für Ovid hängt alles vom Glauben an sich selbst ab. Halten Sie sich selbst für unwiderstehlich, bestehen gute Chancen, dass Sie es sind.

Prima tuae menti veniat fiducia, cunctas
Posse capi: capies, tu modo tende plagas.
Vere prius volucres taceant, aestate cicadae,
Maenalius lepori det sua terga canis,
Femina quam iuveni blande temptata repugnet;
Haec quoque, quam poteris credere nolle, volet.
     Ars Amatoria I, 269-274

Erstlich durchdringe dein Herz die Zuversicht, du könntest alle
Fangen; dann fängst du sie auch. Spanne die Netze nur aus!
Eher schweigen im Frühling die Vögel, im Sommer die Grillen,
Eher dem Hasen entfliehn wird der maenalische Hund,
Als dass dem Jüngling, der schmeichelnd sich naht, eine Frau widerstehn kann;
Die auch, von welcher du glaubst, dass sie nicht wolle, die will.

Meine Herren, in Wirklichkeit stimmt das gar nicht. Aber entscheidend ist Folgendes: Ist man mutig, entschlossen und glaubt an den Erfolg, dann hat man ihn höchstwahrscheinlich auch.

Mit einer potenziellen Liebe in Verbindung zu bleiben, erfordert besondere Fähigkeiten. Bei Ovid handelt es sich vermutlich um Liebesbriefe auf Wachstafeln, aber genau dasselbe gilt für E-Mails. Behutsamer Schriftverkehr kann ein ausgesprochen wirksames Mittel sein, während eine miserable Ansprache alle Chancen zunichte machen kann. Seien Sie in Ihrem Schreibstil nicht zu hochtrabend, sondern eindeutig und unterhaltsam: »*Sit tibi credibilis sermo consue-*

taque verba,/ blanda tamen, praesens ut videare loqui« – »Glaubwürdig sei deine Sprache, alltäglich seien die Worte,/ Gleichwohl schmeichelnd, dass sie denke, du sprächest mit ihr.«

Wählen Sie Ihre Worte jedoch sorgfältig. Ungebildete Mitteilungen gehören zu den größten Abtörnern. Völlig zu Recht warnt Ovid vor einer *»barbara lingua«*, »einem barbarischen Stil«. Ich wage einen großen Sprung in die Neuzeit und behaupte, dass dies auch für die Benutzung von Emoticons bei der Kommunikation im Internet gilt. Verzichten Sie darauf. Und antworten Sie nicht sofort. Sie wollen doch nicht verzweifelt wirken, oder? *»Postque brevem rescribe moram: mora semper amantes/ incitat«* – Schreibe nach kurzer Zeit ihm zurück: Eine Zwischenzeit stachelt/ Immer den Liebenden an« sagt Ovid.

Wenn Sie bis zu diesem Zeitpunkt den Anweisungen des Dichters gefolgt sind, sollten Ihre Avancen eigentlich erfolgreich gewesen sein. Und wenn nicht, versuchen Sie es weiter. Hartnäckigkeit ist alles. Im folgenden Beispiel spricht Ovid über die für ihre Treue berühmte Penelope. Als ihr Gatte Odysseus wegen des Trojanischen Krieges zehn Jahre unterwegs war und anschließend noch einmal solange versuchte, durch das gesamte Mittelmeer nach Ithaka zurückzukehren, wurde sie von Verehrern bestürmt, die sie heiraten wollten.

> *Quid magis est saxo durum, quid mollius unda?*
> *Dura tamen molli saxa cavantur aqua.*
> *Penelopen ipsam, persta modo, tempore vinces:*
> *Capta vides sero Pergama, capta tamen.*
> Ars Amatoria I, 475-478

> Weiches Wasser durchhöhlt dennoch das harte Gestein.
> Halte nur durch – mit der Zeit wirst Penelope selbst du besiegen;
> Troja – du weißt's – fiel spät, aber es fiel doch zuletzt.

Denken Sie daran: Auch Rom wurde nicht an einem Tag erbaut.

III. Verliebt

Mi neque amare aliam neque ab hac desistere fas est:
Cynthia prima fuit, Cynthia finis erit
Ich aber darf keine andere lieben und von dieser einen nicht lassen:
Cynthia war die erste, und Cynthia wird die letzte sein.

Wenn man verliebt ist, hat man die ganze Welt gegen sich. Denken
Sie an Romeo und Julia, Bonnie und Clyde, Tristan und Isolde. Das
ist die Grundstimmung in Catulls fünftem Gedicht, mit dem wir das
erste Kapitel abgeschlossen haben.

Vivamus, mea Lesbia, atque amemus
Rumoresque senum severiorum
Omnes unius aestimemus assis.
     Catull, 5, 1-3

Leben, Lesbia, wollen wir und lieben!
Was sie schwatzen die allzu strengen Alten,
Soll uns allen nicht *einen* Pfennig wert sein!

Es ist dieses Gefühl der Verliebtheit: Nur du und ich zählen. Alles
andere rückt in den Hintergrund. »*Rumores senum severiorum*«, »Was
sie schwatzen, die allzu strengen Alten«, wird lächerlich unwichtig
(obwohl man sich später eventuell in einer Situation wiederfindet, in
der man sich reumütig an dieses Zeug erinnert). Liebende befinden
sich in einer eigenen Sphäre: Sie ernähren sich eher von Honig, wie
Nancy Mitford in *Heimweh nach Liebe* (The Pursuit of Love) schreibt,
als vom »Vollkornbrot des Lebens, grob geschroten, einfach, aber
nahrhaft«.

In John Donnes wunderbarem Gedicht *Die aufgehende Sonne* (The rising sun), in dem der englische Dichter des 16. und 17. Jahrhunderts »die emsige, dumme, alte, ungezogene Sonne« dafür rügt, die glückselige Nacht mit seiner Geliebten unterbrochen zu haben, formuliert er seine Gefühle so:

> »Ich alle Herrscher, alle Reiche sie –
> Nichts sonst hält stand.
> Die Fürsten äffen uns; Titel sind Tand,
> Hiermit verglichen, Reichtum Alchimie.«

Verliebt zu sein bedeutet auch, dass man seine Freude in die Welt hinausschreien will – das folgende Zitat stammt von der Dichterin Sulpicia:

> *»Tandem venit amor qualem texisse pudore*
> *Quam nudasse alicui sit mihi fama magis.*
> *Exorata meis illum Cytherea Camenis*
> *Attulit in nostrum deposuitque sinum.*
> *Exsolvit promissa Venus. mea gaudia narret*
> *Dicetur si quis non habuisse sua.*
> *Non ego signatis quicquam mandare tabellis*
> *Ne legat id nemo quam meus ante, velim.*
> *Sed peccasse iuvat, vultus componere famae*
> *Taedet. cum digno digna fuisse ferar«.*

> »Endlich kam doch die Liebe zu mir; sie voll Scham zu verbergen,
> Brächte mehr Schande mir ein, als sie der Welt gestehn.
> Ließ Cytherea sich doch durch das Werk meiner Muse erbitten,
> Und so brachte sie Ihn, legte mir Ihn an das Herz.
> Venus löst ihr Versprechen. Mag einer mein Glück nun bereden,

Wenn's von ihm gilt, dass er selbst nie es sein eigen genannt!
Niemals möchte ich ein Wort versiegelten Briefchen vertrauen,
Dass nicht jemand vielleicht vor meinem Liebsten es liest.
Doch vergaß ich mich gern; nicht treibt mich mein Ruf zur Verstellung;
Wird man doch sagen, dass sich Edel zu Edel gesellt.«

Die Camenae mit den eingängigen Namen Carmenta, Egeria, Antevorta und Postvorta waren römische Göttinnen der Quellen und Brunnen. Bisweilen werden sie den griechischen Musen zugeordnet. Und Cytherea ist ein anderer Name für Venus, die Göttin der Liebe. Vielleicht ist dies eine Anspielung darauf, dass Sulpicia die Liebe ihrer kreativen Inspiration, ihrer Dichtung zu verdanken hatte. Es folgt eine romantische Version dieses Gedichts von Lord George Lyttleton, das nach dessen Tod im Jahre 1774 veröffentlicht wurde (Ich halte es für nicht sehr wahrscheinlich, dass Sulpicia den Ausführungen über die weibliche Schwäche für einen Mann zugestimmt hätte, aber was soll's).

»Ich bin dieser langweiligen, stumpfsinnigen Lüge überdrüssig;/ Mich selbst quäle ich, während ich die Welt betrüge./ Wenngleich die Vernunft mir gebietet, meine Flamme zu beschützen,/ betrachtet die Liebe die trostlose Heuchelei mit Scham;/Die Liebe gebietet mir, alles zu gestehen und dich als die meinige zu bezeichnen,/ meines Herzens würdig, wie ich deiner würdig bin:/ Meine Schwäche für dich will ich nicht länger verhehlen;/ Meine Schwäche für dich ist der edelste Stolz einer Frau.«

Sechs kurze, schöne Gedichte von dieser Sulpicia sind die einzigen von einer Frau, die aus dem antiken Rom überliefert sind. Sie war vermutlich eine Nichte von Augustus' General Messalla, der ein großer Gönner der Dichter – etwa auch der Tibulls – war.

In der Tat wurde Sulpicias schmales Werk, das vermutlich in den ersten zehn Jahren der Herrschaft des Augustus etwa um 20 v. Chr. entstand, mit den Gedichten von Tibull überliefert und wurde diesem sogar in der Vergangenheit zugeschrieben.

Verliebtheit bedeutet auch, dass das Objekt der Begierde heller leuchtet als alles andere auf der Welt. Man hat nur dafür Augen, er oder sie ist einzigartig und gottgleich. Man interessiert sich für niemand anderen, selbst wenn dieser jemand so gut aussieht wie Achill oder Helena. Catull versucht in Gedicht 86 zu ergründen, was seine angebetete Lesbia von der bildschönen Quintia unterscheidet:

Quintia formosa est multis; mihi candida, longa,
Recta est. haec ego sic singula confiteor.
Totum illud »formosa« nego. nam nulla venustas,
Nulla in tam magno est corpore mica salis.
Lesbia formosa est, quae cum pulcerrima tota est,
Tum omnibus una omnis surripuit veneres.

Quintia halten so viele für schön und im Einzelnen geb' ich
Zu, dass hoch und auch schlank, glänzend, gerade ihr Wuchs.
Doch die Schönheit im Ganzen, die leugne ich, Anmut ist nirgends,
Einer so großen Gestalt fehlt ein Gewisses an Reiz.
Lesbia aber ist schön, sie ist eine Schönheit im Ganzen.
Sie hat, was anderen fehlt: sie ganz allein ist charmant.

Der Körper der Geliebten – wir beten ihn an, erforschen ihn, machen ihn zum Fetisch, verherrlichen ihn, wollen ihn besitzen und sogar darin aufgehen: »Vertraut sich zu verbinden und mit dem Geliebten verschmolzen zu sein, als wären aus zwei Menschen einer geworden« (so eine Stelle in Platons *Gastmahl* (Symposion), dem antiken griechischen Dialog über die Natur der Liebe). Catulls Zweites Gedicht ist ein Klassiker an Schulen. In ihm beobachtet der Dichter, wie Lesbia mit ihrem Lieblingsspatzen spielt. Dieser Anblick ist für Catull eindeutig genauso fesselnd wie für Goethes Werther Charlottes Zubereitung von Butterbroten:

Passer, deliciae meae puellae,
Quicum ludere, quem in sinu tenere,
Cui primum digitum dare appetenti
Et acris solet incitare morsus
Cum desiderio meo nitenti
Carum nescio quid lubet iocari
Et solaciolum sui doloris,
Credo, ut tum gravis acquiescat ardor:
Tecum ludere sicut ipsa possem
Et tristis animi levare curas!

Spätzlein, Liebling, du kleiner meines Mädchens,
Den sie spielend in ihrem Schoße hält und
Dem zum Schnäbeln sie reicht die Fingerspitze
Und zu heftigem Picken immer anreizt,
Wenn mein strahlendes Liebchen, meine Sehnsucht,
Wünscht sich irgendein neckisch süßes Spielchen
Und ein Tröstlein für ihre Lebenswehmut,
Dass der Leidenschaft Glut sich dann besänftge:
Könnte ich wie sie selbst doch mit dir spielen
Und die Trauer des Herzens damit lindern!

Dieses Reizen und Necken ist extrem erotisch aufgeladen. Vermutlich würde er lieber mit Lesbia spielen als mit ihrem Spatzen. Außerdem ist er offenbar ein wenig neidisch.

Es gibt eine außergewöhnliche Passage in Prousts *Die Gefangene*, in der Marcel, der Erzähler von *Auf der Suche nach der verlorenen Zeit*, seine Geliebte Albertine beschreibt, die schläft:

»Sobald Albertine die Augen schloß und das Bewußtsein verlor, hatte sie nacheinander die verschiedenen menschlichen Gattungsmerkmale abgelegt, die mich enttäuscht hatten seit dem Tag, an dem ich ihre Bekanntschaft gemacht. Sie war dann nur noch von dem unbewußten Leben der Pflanzenwelt, der Bäume, beseelt, einem Leben, das von dem meinen verschiedener und ihm fremder war und mir doch mehr gehörte. Ihr Ich entschlüpfte nicht mehr unaufhörlich, wie im Gespräch mit ihr, durch die Ausgänge uneingestandener Gedanken oder des Blicks. Sie hatte dann alles, was von ihr draußen gewesen war, wieder in sich versammelt, sie hatte sich selbst in ihren Körper geflüchtet, sich darin eingeschlossen, sie ging ganz darin auf. Indem ich sie unter meinem Blick, in meinen Händen hielt, erlebte ich jenes Gefühl, sie ganz und gar zu besitzen, das ich niemals hatte, wenn sie wach war. Ihr Leben war mir untertan, es entsandte zu mir seinen leisen Hauch.«

Von allen lateinischen Dichtern ist Properz derjenige, der Prousts ständigem Versuch, das Gefühl der Liebe auszudrücken, am nächsten kommt. Meines Erachtens ist Properz ein Dichter, dessen Werk man eher vollständig als häppchenweise lesen sollte. Er widmet sich wiederholt, fast unerbittlich demselben Thema, indem er die Liebe beleuchtet und aus jedem Blickwinkel betrachtet. Auf diese Weise entsteht ein Teil seiner poetischen Wirkung dadurch, dass sich diese Beobachtungen nach einer gewissen Zeit im Bewusstsein ablagern und zunehmen. Er greift stark auf die Mythologie zurück: Eine alte Geschichte ist häufig erhellender und löst tiefgründigere Assoziationen aus, als nüchterne Behauptungen über etwas derartig Flüchtiges und im Grunde Unbeschreibliches wie die Liebe. Oft beginnen seine Gedichte an *einem* Ort und in *einem* Tonfall, und enden in einer völlig anderen Stimmung. Cynthia, das Thema dieser obsessiven Gedichte, ist seine verehrte Göttin und zugleich eine tyrannische, herrschsüchtige Geliebte. Es gibt Gedichte, in denen er sich als ihr Sklave bezeichnet – ein außergewöhnlich sündiger und entmannender Gedanke in einer Gesellschaft, die Sklaven kaum als Menschen ansah. Dennoch sieht er sich selbst ebenfalls als einen bereitwilligen Sklaven, in seinem Dritten Gedicht spricht er von seinen *»dulcia vincla«*, »süßen Ketten«.

Soviel als Einführung. Im Folgenden ein Zitat, bei dem der Dichter Cynthia beim Schlafen beobachtet, das an Marcel erinnert, der Albertine anblickt. Im Gegensatz zum kränklichen Marcel (dem ich nie ganz verziehen habe, dass er von zwei Tassen Tee krank wurde), ist er betrunken. Es handelt sich um ein langes Gedicht, das ich aber dennoch vollständig zitiere, weil es an einem völlig anderen Ort endet, als es beginnt.

Qualis Thesea iacuit cedente carina
Languida desertis Cnosia litoribus;
Qualis et accubuit primo Cepheia somno
Libera iam duris cotibus Andromede;
Nec minus assiduis Edonis fessa choreis
Qualis in herboso concidit Apidano:
Talis visa mihi mollem spirare quietem
Cynthia non certis nixa caput manibus,
Ebria cum multo traherem vestigia Baccho,
Et quaterent sera nocte facem pueri.
Hanc ego, nondum etiam sensus deperditus omnis,
Molliter impresso conor adire toro;
Et quamvis duplici correptum ardore iuberent

Hac Amor hac Liber, durus uterque deus,
Subiecto leviter positam temptare lacerto
Osculaque admota sumere et arma manu,
Non tamen ausus eram dominae turbare quietem,
Expertae metuens iurgia saevitiae:
Sed sic intentis haerebam fixus ocellis,
Argus ut ignotis cornibus Inachidos.
Et modo gaudebam lapsos formare capillos;
Nunc furtiva cavis poma dabam manibus;
Omniaque ingrato largibar munera somno,
Munera de prono saepe voluta sinu;
Et quotiens raro duxit suspiria motu,
Obstupui vano credulus auspicio,
Ne qua tibi insolitos portarent visa timores,
Neve quis invitam cogeret esse suam:
Donec diversas praecurrens luna fenestras,
Luna moraturis sedula luminibus,
Compositos levibus radiis patefecit ocellos.
Sic ait in molli fixa toro cubitum:
»Tandem te nostro referens iniuria lecto
Alterius clausis expulit e foribus?
Namque ubi longa meae consumpsti tempora noctis,
Languidus exactis, ei mihi, sideribus?
O utinam talis perducas, improbe, noctes,
Me miseram qualis semper habere iubes!
Nam modo purpureo fallebam stamine somnum,
Rursus et Orpheae carmine, fessa, lyrae;
Interdum leviter mecum deserta querebar
Externo longas saepe in amore moras:
Dum me iucundis lapsam sopor impulit alis.
Illa fuit lacrimis ultima cura meis«.

      Properz, I, 3

 Wie einst die Frau aus Knossos müde am öden Strand lag, als Theseus'
Schiff entschwand, wie Andromeda, die Tochter des Kepheus, sich erstmals
wieder zum Schlaf hinlegte, als sie vom harten Felsen befreit war; wie die
thrakische Bakchantin, von pausenlosen Tänzen erschöpft am grasigen Ufer
des Apidanos hinsank – so schien mir Cynthia wohligen Schlummer zu
atmen, das Haupt auf ihre gefalteten Hände gelegt, als ich, trunken vom
vielen Wein, die Füße schleifte und die Sklaven in später Nacht die Fackeln
schwangen. Meine Sinne hatten mich noch nicht ganz verlassen, und ich
versuchte, mich ihr zu nähern, wobei ich mich sanft auf ihr Lager lehnte.
Obwohl mich doppelte Glut erfasste und hie Amor, hie Bakchos, beides
unerbittliche Götter, mir befahlen, den Arm unterzuschieben, sie leicht zu
berühren, die Hand näher zu bringen und verspätete Küsse zu stehlen,
wagte ich doch nicht, die Ruhe der Herrin zu stören, denn ich hatte Angst
vor den Vorwürfen ihrer mir wohlbekannten Wut; nein, ich stand angewurzelt da, die Augen starr auf sie geheftet, wie Argos auf Ios Hörner, die ihr
noch fremd waren. Bald löste ich die Kränze von meiner Stirn und legte sie
dir um die Schläfen, Cynthia, dann wieder versuchte ich spielerisch, deine
herabhängenden Locken zu ordnen; dann gab ich dir gestohlene Äpfel in
die hohlen Hände. All das schenkte ich dir, während du schliefst und mir
nicht danktest – Gaben, die mir immer wieder aus dem herabhängenden Bausch rollten. Und wenn du dich ab und zu bewegtest und seufztest,
erschrak ich abergläubisch über ein nichtiges Vorzeichen, denn ich
befürchte ungewohnte Angstträume, in denen einer dich zwingen wollte,
gegen deinen Willen ihm zu gehören. Schließlich öffnete der Mond, der
am halbgeöffneten Fenster vorbeiglitt, der geschäftige Mond, der so gern
mit seinem Schein verweilt wäre, mit luftigen Strahlen ihre geschlossenen
Lider. Sie stützte den Arm aufs weiche Polster und sprach: »Hat eine andere
Frau dich hinausgeworfen und dir die Tür verschlossen? Ist es diese Abfuhr,
die dich endlich zu meinem Bett zurückbringt? Denn wo hast du die
langen Stunden einer Nacht, die mir gehörte, verschwendet, schlaff, wie du
bist, nachdem die Sterne schon – weh mir! – ihre Bahnen durchmessen

haben? Mögest du selber solche langen Nächte erleben, Unmensch, wie ich Ärmste sie deinetwegen immer wieder ausstehen muss! Denn bald wob ich, um den Schlaf zu täuschen, an etwas Purpurrotem, dann wieder, als ich müde war, spielte ich ein Lied auf Orpheus' Leier. Zuweilen klagte ich leise, ganz für mich, in meiner Verlassenheit, dass du oft so lange bei einer fremden Geliebten weilst, bis der Schlaf mich mit erquickenden Schwingen berührte und ich hinsank: das heilte schließlich meine Tränen.«

Wie erwähnt verwendet Properz viele mythologische Bezüge und dieses Gedicht bildet darin keine Ausnahme. Dazu einige Erklärungen: Die Frau aus Knossos ist Ariadne, die Theseus dabei half, den kretischen Minotaurus zu besiegen (Knossos war der königliche Palast, der von Arthur Evans ausgegraben und »einfallsreich« restauriert wurde. Man kann »seine Version« heute noch besichtigen). Andromeda war die Frau, die vom Helden Perseus, vor einem Meeresungeheuer gerettet wurde. Perseus war es auch, der auf dem geflügelten Ross Pegasus ritt und der Medusa, deren Anblick jeden Betrachter in Stein verwandelte, das Haupt abschlug (Perseus ließ Andromedas Vater Kepheus buchstäblich versteinern, als dieser ihm die Hand seiner Tochter verweigerte). Der thrakische Tanz ist eine Anspielung an die orgiastischen, heiligen Riten des Dionysos, zu denen auch nächtelange Tänze zählten. Und Apidanos ist ein Fluss in Thessalien.

Wie gesagt, wenn wir verliebt sind, erschaffen wir ein Trugbild des Objekts unserer Begierde, ein Geschöpf, das – was auch immer geschieht – wenig mit der wirklichen Person zu tun hat. In diesem Fall kam Properz spät nach Hause und war etwas mitgenommen. Wie Albertine, die ebenfalls schwierig zu erobern ist, kann Cynthia im Schlaf keine Einwände erheben. Friedvoll und ruhig liegt sie da, und Properz kann sie zu der machen, die er haben möchte (Das erinnert mich ein wenig an Pygmalion, der seine Idealfrau aus einem Stein formte und zum Leben erweckte). Und dann fantasiert er, dass sie berühmte mythologische Geschöpfe in sich vereint. Er fährt fort: »Ich stand angewurzelt da, die Augen starr auf sie geheftet, wie Argos auf Ios Hörner, die ihr noch fremd waren.« Inachus' Tochter war Io, die von Juno aus Eifersucht in eine Färse verwandelt wurde, weil Jupiter ein Auge auf sie geworfen hatte. Juno entsandte zudem eine Leibwache für Io: Den hundertäugigen Riesen Argus. Daher ist folgende Passage etwas scherzhaft gemeint: Properz ist von Cynthia hingerissen und verschlingt sie mit seinen Blicken, als hätte er hundert Augen. Wie Proust schrieb: »Indem ich sie unter meinem Blick, in meinen Händen hielt, erlebte ich jenes Gefühl, sie ganz und gar zu besitzen, das ich niemals hatte, wenn sie wach war.«

Cynthia wacht jedoch auf. Ein Mondstrahl streift ihr Gesicht und unterbricht ihren Schlaf. Die wache Cynthia ist keine mythische Heldin, sondern eine moderne römische Frau, die ziemlich verstimmt ist: Sie wartete die halbe Nacht auf Properz und hielt sich mit ihrer Lyra und Webarbeiten (eine versteckte Anspielung auf Odysseus' treue Gattin Penelope, die am Webstuhl arbeitete, bis ihr Mann aus dem Trojanischen Krieg heimkehrte) wach. Schließlich gab sie auf und legte sich zum Schlafen nieder, nur um von ihrem betrunkenen Liebhaber wieder aufgeweckt zu werden. Das Bild der irritierten Cynthia, die vermutet, Properz sei mit einer anderen Frau aus gewesen, ist sehr zärtlich. Aber eine mythische Heldin, ist sie – vielleicht zum Glück – nicht, denn dafür entspricht sie zweifellos viel zu sehr der Wirklichkeit.

Catulls Gedicht 68 ist ein weiteres, das mythologisch durchwirkt ist. Es ist ein ausgefallenes, reichhaltiges und experimentelles Stück Literatur in 160 Versen. Gewidmet ist das Gedicht einem gewissen Allius, als Dank dafür, dass er dem Dichter und Lesbia ein Haus zur Verfügung stellte, in dem diese sich lieben konnten. Es handelt teilweise von dem benommenen Gefühl der herrlichen Vorfreude, die einen befällt, wenn man einen geliebten Menschen zum Rendezvous

erwartet – dieser Moment ist zugleich ein wenig melancholisch. Obwohl es sich in vielerlei Hinsicht davon unterscheidet, erinnert es mich ein bisschen an eine Szene in Nancy Mitfords *Heimweh nach Liebe* (Pursuit of Love), bei der Linda auf Fabrices Ankunft in ihrem Haus an der Themse in Chelsea wartet (Linda scheint mehr als jede andere Figur in der englischen Literatur mit Warten beschäftigt zu sein. Erst wartet sie, dass die Liebe einschlägt, dann auf Fabrice' Rückkehr aus dem Krieg und schließlich auf die Geburt ihres Kindes).

»Die Sonntagsstille wurde von zwei Schwänen unterbrochen, die langsam stromaufwärts flogen, und dann vom Tuckern eines kleinen Flussschleppers – während sie auf jenes Geräusch wartete, das inniger als jedes andere, vom Klingeln des Telephons vielleicht abgesehen, mit einer großstädtischen Liebesaffaire verbunden ist: auf das Geräusch eines anhaltenden Taxis. (…) Da hörte sie es auf der Straße, langsam, noch langsamer, jetzt hielt es an, das Taxameter-Fähnchen schnellte mit einem Klingeln nach oben, die Tür wurde zugeschlagen. Stimmen, Geklimper von Münzen, Schritte.«

So wartet Catull bei Allius auf Lesbia:

Is clausum lato patefecit limite campum,
Isque domum nobis isque dedit dominae,
Ad quam communes exerceremus amores,
Quo mea se molli candida diva pede
Intulit et trito fulgentem in limine plantam
Innixa arguta constituit solea,
Coniugis ut quondam flagrans advenit amore
Protesilaëam Laodamia domum
Inceptam frustra, nondum cum sanguine sacro

Hostia caelestis pacificasset eros.
    Catull, Gedicht 68, 67-76

Er hat weit mir geöffnet den Weg zu verschlossnem Gefilde,
Er gab mir das Haus, er gab die Herrin mir auch;
Drinnen erfreuten wir uns der gegenseitigen Liebe.
Meine Göttin kam strahlend auf schwebendem Fuß,
Setzte die glänzende Sohle dort auf die zertretne Schwelle,
Blieb an der Türe stehn, wenn die Sandale geknarrt,
So wie einst verzehrt von brennender Liebe zum Gatten
Protesilaos' Haus Laodamia betrat,
Das vergebens begonnene, dem noch nicht heiligen Blutes
Opfer des Himmels Herrn hatte gewogen gemacht.

In Catulls Versen ist alles überhöht, man kann den Erwartungsdruck spüren. Bei Lesbias Eintreten entsteht ein wunderbarer, filmischer Moment. Man sieht den herrlichen, weißen Fuß förmlich in Nahaufnahme als Kontrast zum zertretenen, schlecht behauenen Stein der Schwelle. In meiner Vorstellung wartet Catull im Nachbarraum auf Lesbia und stellt sich ihren Anblick vor, als er ihre Schritte und das Geräusch ihrer Ledersandalen hört.

Leider bahnt sich die scheinbar weit entfernte Realität einen Weg, um unhöflich in das private Glück hineinzuplatzen. Catull vergleicht Lesbia mit der mythischen Laodamia, die sich an ihrem Hochzeitstag dem Haus ihres geliebten Gatten nähert. Das allerdings ist keine Glück versprechende Parallele: Vor dieser Hochzeit wurde niemand den Göttern geopfert, sondern es kam zu einem unglücklichen Versehen, das dazu führte, dass Protesilaos der erste Grieche war, der im Trojanischen Krieg getötet wurde.

Wir wollen dieses Kapitel aber nicht mit dieser düsteren Störung beenden, sondern lieber mit Catull im vollen Glück der Verliebtheit – Gedicht Sieben. An dieser Stelle einige notwendige Hinweise vorab: Battus war laut Mythologie der Gründer der Stadt Cyrene in Libyen, die berühmt für die Heilpflanze Silphium war. Und das berühmte Orakel des Jupiter Ammon lag bei der Oase von Siwa in der Sahara. Catull ist absolut unersättlich. Er kann einfach nicht genug kriegen.

Quaeris, quot mihi basiationes
Tuae, Lesbia, sint satis superque.
Quam magnus numerus Libyssae harenae
Lasarpiciferis iacet Cyrenis
Oraclum Iovis inter aestuosi
Et Batti veteris sacrum sepulcrum;
Aut quam sidera multa, cum tacet nox,
Furtivos hominum vident amores:
Tam te basia multa basiare
Vesano satis et super Catullo est
Quae nec pernumerare curiosi
Possint nec mala fascinare lingua.

Wieviel Küsse ich gerne von dir hätte,
Fragst du, Lesbia, bis ich einmal satt bin?
Soviel Sandkörner sind in Libyens Wüste
Bei Kyrene, dem laserpflanzenreichen,
Von dem Ammonsorakel, hitzeglühend,
Bis zum heiligen alten Battusgrabmal,
Soviel Sterne in stiller Nacht am Himmel
Auf das heimliche Lieben schaun der Menschen:
So viel Küsse zu küssen würde reichen
Dem Catull, der von Liebe toll und krank ist;

Soviel, dass sie kein Schnüffler zählen kann und
Keine boshafte Zunge sie verhexen.

IV. Wie man jemanden bei der Stange hält

Ut ameris, amabilis esto
Sei liebenswert, dass man dich liebe!

Wie schafft man es, dass einem der oder die Angebetete nicht durch die Lappen geht, nachdem man sein Ziel erreicht hat? Wie sichert man sich die dauerhafte und langfristige Begeisterung eines neuen Liebhabers oder einer neuen Liebhaberin für einen extrem wunderbaren Menschen, wie Sie es sind? Es hat keinen Sinn, einen fabelhaften Partner an Land zu ziehen und am nächsten Morgen neben einer trockenen Mitteilung auf dem Kopfkissen aufzuwachen (Dabei muss ich an die arme, alte Carrie aus *Sex and the City* denken, die mit einer Haftklebenotiz des üblen Kerls Berger in die Wüste geschickt wurde – das ist überhaupt nicht befriedigend).

Ich fürchte, an diesem neuralgischen Punkt müssen Sie sich ein wenig ins Zeug legen. Oder wie Ovid sagt: »*Amor odit inertes*« – »Gott Amor hasst die Bequemen«. Wäre ich Autor eines Lebenshilfe-Buchs, würde ich Ihnen raten, diesen Satz als Selbstmotivation vor einem Spiegel zu wiederholen. Ein anderes Zitat von Ovid, das Sie sich sinnvoller Weise vorsagen können, ist »*militat omnis amans*« – »Jeder, der liebt, ist Soldat«, beziehungsweise »Jeder Liebende ist stets im Dienst«. Es stammt aus dem ersten Buch seiner *Amores*, Gedicht Neun, in dem er auf witzige, offene und subversive Art die anständige römische Betätigung, hinauszuziehen und die Welt mit Waffengewalt zu unterwerfen, mit dem bequemen und unproduktiven Geschäft (wie die konventionelle römische Sichtweise es begriff) des Liebemachens vergleicht.

Ein Liebhaber und ein Soldat sind sich ähnlich, scherzt Ovid, da beide gut in Form und gesund sein sowie über eine wirkungsvolle Belagerungsstrategie verfügen müssen (für Städte oder eben Häuser von Frauen). Beide müssen auch für, ähem, nächtliche Übungen gerüstet sein.

Mir kommt es auf Folgendes an: Es könnte der Eindruck entstehen, es ginge im Liebesleben nur darum, sich auf dem Sofa zurückzulehnen und von Oben-Ohne-Sklavinnen (oder Sklaven) mit handverlesenen Weintrauben verkösigen zu lassen, aber laut Ovid muss man dafür hart arbeiten. Liebe, so seine Andeutung, ist eine eigene Form des »*negotium*« – des lateinischen Worts für Geschäft. Gewöhnen Sie sich dies an. Planen Sie Ihre Beziehung mit militärischer Präzision. Bemühen Sie sich, fürsorglich zu sein. Lachen Sie über die Scherze Ihres Partners. Schmeicheln Sie ihm. Zeigen Sie ihm, dass alle seine Worte Sie begeistern. Sorgen Sie dafür, dass er beim Scrabble gewinnt. Erweisen Sie ihm kleine Liebesdienste. Und meine Herren, seien Sie galant:

Arguet: arguito; quicquid probat illa, probato;
Quod dicet, dicas; quod negat illa, neges.
Riserit: adride; si flebit, flere memento:
Imponat leges vultibus illa tuis.
Seu ludet numerosque manu iactabit eburnos,
Tu male iactato, tu male iacta dato...
Ipse tene distenta suis umbracula virgis,
Ipse fac in turba, qua venit illa, locum.
Nec dubita tereti scamnum producere lecto,
Et tenero soleam deme vel adde pedi.
Saepe etiam dominae, quamvis horrebis et ipse,
Algenti manus est calficienda sinu.
    Ars Amatoria II, 199-204; 209-214

Tadelt sie, tadle du auch, und lobt sie, lobe du gleichfalls;
Sag, wenn sie ja sagt, ja, nein, wenn sie etwas verneint.
Lächelt sie, lächle zurück; wenn sie weint, vergiss nicht zu weinen.
Richte nach ihrem Gesetz immer dein Mienenspiel aus.
Wirft im Spiel mit der Hand sie die elfenbeinernen Würfel,
Würfle schlecht und bezahl für den misslungenen Wurf; (…)
Selbst halt aufgespannt ihr einen Sonnenschirm mit seinen Streben,
Selbst schaff ihr, wenn sie naht und sich die Menge drängt, Platz.
Unterm gedrechselten Bett hol hervor ohne Zögern die Fußbank;
Ziehe dem zierlichen Fuß an oder aus ihren Schuh.
Oft musst du deiner Geliebten, auch wenn du vor Kälte selbst schauderst,
Wärmen die Hand noch dazu an deiner frierenden Brust.

Es geht darum, tief in die Augen des Objekts der Begierde zu blicken und ihm das Gefühl zu geben, es sei der Mittelpunkt der Welt. Ihre kleine Hand friert? Selbstverständlich sollten Sie diese in Ihren Händen halten, wie es Puccini gewiss auch empfehlen würde. Geben Sie ihr fast unmerklich zu verstehen, dass ihre Unterhaltung zwischen äußerster Tiefgründigkeit und heiterstem, fröhlichstem Witz hin und her wechselt (Übrigens werde ich das nächste Mal, wenn ein Mann mir einen Schemel bringt, während ich auf meinem Sofa liege, eine Bürgerinitiative für einen Nationalfeiertag starten. Ich beantrage, dass jedem Mann, der dies für eine Frau tut, lebenslanges Liebesglück garantiert wird).

Noch etwas, das von Männern allzu oft vergessen wird: Denken Sie daran, einer Dame Komplimente für ihr Aussehen zu machen. Das ist eine kinderleichte Methode, um bei einer Frau einen Stein im Brett zu haben. Und wie Ovid andeutet, sollten Sie dies unabhängig davon tun, ob Ihnen das aktuelle Erscheinungsbild besonders gut gefällt. »Sive erit in Tyriis, Tyrios laudabis amictus;/ Sive erit in Cois, Coa decere puta./ Aurata est: ipso tibi sit pretiosior auro« – Ist sie in Purpur

gekleidet, so lobe die Purpurgewänder;/ Trägt sie ein coïsches Kleid,
finde die coïschen schön./ Kommt sie in Gold, dann sei sie für dich
noch mehr als das Gold wert«.

Sie können Ihrer Angebeteten auch mit Kreativität zeigen, wie sehr
sie Ihnen am Herzen liegt (obwohl die Empfängerin eventuell ein
teures Geschenk bevorzugen würde, wie Ovid mit gutem Gespür ein-
räumt):

Sunt tamen et doctae, rarissima turba, puellae,
Altera non doctae turba, sed esse volunt.
Utraque laudetur per carmina; carmina lector
Commendet dulci qualiacumque sono.
His ergo aut illis vigilatum carmen in ipsas
Forsitan exigui muneris instar erit.
        Ars Amatoria II, 281-286

Freilich gibt's – doch die Schar ist klein – auch gebildete Mädchen;
Andere, die es nicht sind, möchten gebildet doch sein.
Beide seien gelobt in Gedichten. Wer vorträgt, empfehle
Diese, wie immer sie sind, durch einen lieblichen Klang.
So sind für diese und jene bei Nacht für sie selbst nur verfasste
Verse vielleicht ein Ersatz für ein geringes Geschenk.

Ich bin nicht sicher, ob ich in diesem Fall mit Publius Ovidius Naso
einer Meinung bin – nach meiner Erfahrung haben die meisten
Frauen genügend Urteilsvermögen und sind ausreichend »*doctae*«,
»gebildet«, um sich nicht von jedem Dahergelaufenen einwickeln zu
lassen, nur weil er einige Knittelverse für sie zu Papier gebracht hat.
In einigen mir bekannten Fällen hat sich dies als völlig kontrapro-
duktiv erwiesen.

Der nächste Punkt ist sehr wichtig: Streben Sie eine langfristige Beziehung an, können Sie sich nicht nur auf gutes Aussehen verlassen:

...Ut ameris, amabilis esto;
Quod tibi non facies solave forma dabit.
Sic licet antiquo Nireus adamatus Homero
Naiadumque tener crimine raptus Hylas,
Ut dominam teneas nec te mirere relictum,
Ingenii dotes corporis adde bonis...
Nec levis ingenuas pectus coluisse per artes
Cura sit et linguas edidicisse duas:
Non formosus erat, sed erat facundus Ulixes,
Et tamen aequoreas torsit amore deas.
       Ars Amatoria II, 107-112; 121-124

(…) Sei liebenswert, dass man dich liebe!

Dies gibt dir nicht dein Gesicht, nicht die Gestalt dir allein.

Magst du Nireus auch sein, geliebt von dem alten Homerus,

Hylas, der zierliche, auch, frech von Najaden geraubt –

Dass die Geliebte du hältst, nicht staunst, dich verlassen zu sehen,

Füge der Schönheit des Leibs geistige Gaben hinzu.

Schönheit ist nur ein zerbrechliches Gut; wie die Jahre sich mehren,

Schwindet sie hin, und es zehrt eigene Dauer sie auf.

Kümmre dich ernsthaft darum, in den freien Künsten den Geist zu

Bilden, und dass auch die zwei Sprachen du gründlich erlernst.

Schön war Odysseus nicht, sondern redegewandt war er – dennoch

Mussten in Liebe des Meers Göttinnen für ihn erglühn.

Witzigerweise stimmt das wohl. Beim berühmten altphilologischen Gesellschaftsspiel (das ich in dieser Minute erfunden habe) »Mit welcher mythologischen Figur würden Sie sich am liebsten verabreden« würde meine Antwort »Odysseus« lauten. Er war klug, einfallsreich, geistreich und konnte gute Geschichten erzählen … zugegebenermaßen war er Penelope allerdings nicht vollständig treu. Auf seiner zehnjährigen Heimreise vom Trojanischen Krieg hatte er längere Affären mit der Zauberin Circe und der Nymphe Calypso (die im Text erwähnten Meeresgöttinnen), aber am Ende machte er mit seiner Heimkehr und der Tötung aller Verehrer, die Penelope jahrelang bedrängt hatten, alles wieder gut. Und zumindest kann man sich etwas leichter in ihn verlieben als in Achill, der ein launischer, aufgeblasener Blödmann war (Allerdings auch gut aussehend. Falls Sie sich erinnern: Er wurde von Brad Pitt im Film *Troja* dargestellt).

Ovid empfiehlt, Latein und Griechisch zu lernen – zweifellos eine vornehme Bildung – und viele Altphilologen haben tatsächlich keinerlei Probleme in Liebesdingen. Nireus war offenbar der zweitschönste griechische Held im Trojanischen Krieg (nach Achill) und Hylas der Liebhaber von Hercules. Dieser wurde wiederum von einigen Nymphen, die seinem guten Aussehen nicht widerstehen konnten, geraubt, als er mit dem Argonautenzug in Sachen Goldenes Vlies unterwegs war. Hoffen wir, dass er bisexuell war, da die Nymphen andernfalls ziemlich enttäuscht gewesen wären.

Ovid liefert ein wenig Spezialwissen für all diejenigen, die mit jemandem zu tun haben, den man wirklich verbieten sollte. In seiner Sammlung von Liebesgedichten, den *Amores*, Buch Eins, Gedicht Vier, bestärkt er seine Geliebte, mit ihm in einer Zeichensprache zu kommunizieren, wenn Sie sich in einer Gesellschaft treffen und sie in »offizieller« Begleitung ist.

Cum tibi succurret Veneris lascivia nostrae,
Purpureas tenero pollice tange genas;
Si quid erit, de me tacita quod mente queraris,
Pendeat extrema mollis ab aure manus;
Cum tibi, quae faciam, mea lux, dicamve, placebunt,
Versetur digitis anulus usque tuis;
Tange manu mensam, tangunt quo more precantes,
Optabis merito cum mala multa viro.
Quod tibi miscuerit, sapias, bibat ipse iubeto;
Tu puerum leviter posce, quod ipsa voles:
Quae tu reddideris, ego primus pocula sumam,
Et, qua tu biberis, hac ego parte bibam.
Si tibi forte dabit quod praegustaverit ipse,
Reice libatos illius ore cibos;
Nec premat impositis sinito tua colla lacertis,
Mite nec in rigido pectore pone caput,
Nec sinus admittat digitos habilesve papillae;
Oscula praecipue nulla dedisse velis.
Oscula si dederis, fiam manifestus amator
Et dicam »mea sunt« iniciamque manum.
Haec tamen aspiciam, sed quae bene pallia celant,
Illa mihi caeci causa timoris erunt.
Nec femori committe femur nec crure cohaere
Nec tenerum duro cum pede iunge pedem.
Multa miser timeo, quia feci multa proterve,
Exemplique metu torqueor ipse mei:
Saepe mihi dominaeque meae properata voluptas
Veste sub iniecta dulce peregit opus.
                    Amores I, 4, 21-48

Denkst du daran, wie frech wir's schon trieben, dann fasse an deine
Purpurnen Wangen ganz sanft mit deinem Daumen dir hin.
Gibt's etwas, das du an mir zu beklagen hast, halte das untre
Ende von deinem Ohr mit deiner zierlichen Hand.
Wenn dir aber, mein Licht, gefällt, was ich tu' oder sage,
Dreh mit den Fingern den Ring wieder und wieder herum.
Fass mit der Hand an den Tisch, ganz wie's beim Beten der Brauch ist,
Wenn deinem Mann – er verdient's – allerlei Übel du wünschst.
Sei vernünftig, lass ihn, was er mischt für dich, selber nur trinken;
Fordre vom Sklaven diskret das, was du selber gern willst.
Reichst du den Becher zurück, werd' ich ihn als erster ergreifen,
Und an der Stelle, an der du grade noch trankst, trink' dann ich.
Will er dir etwas, wovon er selbst schon gekostet hat, geben,
Weise du, was sein Mund vorher berührt hat, zurück.
Lass ihn nicht deinen Hals mit den schweren Armen belasten;
Leg ihm den feinen Kopf nicht an die kantige Brust.
Seinen Fingern versag die zum Streicheln geschaffenen Brüste;
Aber vor allem gilt dies: Nie sei zum Küssen bereit!
Gibst du ihm Küsse, geb' ich als dein Liebhaber mich zu erkennen.
»Mir gehört das«, sag' ich, lege auf dich meine Hand.
Dies kann ich wenigstens sehn, doch was ein Cape gut versteckt hält,
Das wird blinde Furcht ständig erregen in mir.
Presse nicht Schenkel an Schenkel, verschränke nicht die Beine mit seinen
Noch an den harten Fuß drück deinen zierlichen Fuß
Vieles fürchte ich Armer, ich selbst tat ja schamlos schon vieles,
Und es quält mich die Angst, die mir mein Beispiel erweckt.
Oft ist mein Verlangen und das der Geliebten in Eile
Unter dem Schutze des Capes lustvoll zum Ziele gelangt.

Zum Schluss Ovids wichtigster Tipp: Hatten Sie einen schweren
Krach und gingen sich gegenseitig an die Gurgel, brauchen Sie eine
Runde Versöhnungssex.

Cum bene saevierit, cum certa videbitur hostis,
Tum pete concubitus foedera: mitis erit.
Illic depositis habitat Concordia telis,
Illo, crede mihi, Gratia nata loco est.
Quae modo pugnarunt, iungunt sua rostra columbae,
Quarum blanditias verbaque murmur habet.
       Ars Amatoria II, 461-466

Ist sie so richtig in Wut und erscheint sie dir offen als Feindin,
    Fordre das Bündnis des Betts; sanft wird sie werden sogleich.
    Dort legt Waffen man nieder, denn dort ist Concordias Wohnsitz;
    Gratia kam, glaub mir, an diesem Ort einst zur Welt.
    Tauben, die eben noch kämpften, vereinigen jetzt ihre Schnäbel;
    Aus ihrem Gurren vernimmt Schmeicheln man, Worte sogar.

Liebe ist harte Arbeit, aber manchem gelingt sie. *»Militat omnis*
amans … «.

V. Verlassen

Num lacrimas victus dedit aut miseratus amantem est?
Zwang ihn zu Tränen mein Leid, zu Mitleid der Liebenden Elend?

Vermutlich gibt es keine elegante Methode, jemanden zu verlassen. Dennoch gibt es sicher bestimmte Standards, an die man sich halten sollte, wie etwa den Anstand, es freundlich und persönlich zu tun und das gesamte zur Verfügung stehende Mitgefühl aufzubringen, um der oder dem Verlassenen einen gewissen Respekt und Liebenswürdigkeit entgegenzubringen. Zweifellos sollten Sie nicht wie Matt Damon im Fernsehen vor laufender Kamera Schluss machen. Sie sollten Ihre Freundin auch nicht verlassen, während sie schwanger ist, wie Daniel Day Lewis es tat. Und Sie sollten an die Wand gestellt und erschossen werden, wenn Sie wie Berger mit einer Haftklebenotiz Schluss machen (Gut, die letzte Episode, die ich bereits erwähnt habe, entstammt einer Fernsehserie und nicht der Wirklichkeit, aber Sie können erkennen, worauf ich hinaus will. Ich möchte in Klammern auch nachfragen, ob es Zufall sein kann, dass die oben erwähnten miesen Ratten alle Männer sind). Der wohl größte aller römischen Dichter, Vergil, lieferte in seinem wunderbaren Versepos *Aeneis* ein brillantes Lehrbeispiel, wie man nicht mit seiner Freundin Schluss machen sollte, und das gilt bis heute.

Als der Autor im Jahr 19 v. Chr. starb, war die *Aeneis* zwar abgeschlossen, aber nicht überarbeitet. Er hinterließ die Anweisung, sie zu zerstören, aber Gott sei Dank – und dies sage ich als jemand, der sich mit diesem verdammten Text in der Schule und der Universität abgekämpft hat – wurde er von seinem Freund und Dichterkollegen Lucius Varus Rufus, der dafür sorgte, dass das Werk posthum erschien, komplett ignoriert. Es handelt sich um das reichhaltigste und wichtigste literarische Werk des antiken Rom, das die Geschichte des trojanischen Prinzen Aeneas und seiner Gefährten erzählt: Diese flüchten nach dem Sieg der Griechen aus der eroberten Stadt, erleben beim Segeln durch das Mittelmeer Abenteuer im Stil der Odyssee und landen schließlich in Italien, wo Aeneas' Nachfahre Romulus einige Generationen später die ewige Stadt gründet. Es ist das mythologisch-nationale Epos über Roms Gründung, aber viel zu reichhaltig, dicht und doppelbödig, um als reine nationale Propaganda begriffen zu werden, und dies obwohl Vergils Gönner Maecenas war, ein enger Freund des Kaisers Augustus und der wichtigste Kulturförderer in Rom.

Zu Beginn des Gedichts finden sich die Trojaner auf ihrem Weg nach Italien in Karthago an der Küste des heutigen Tunesien wieder, wo die legendäre, schöne, stilvolle und extrem tüchtige Königin Dido ein neues Reich gegründet hat. Aeneas und Dido verlieben sich dank der tatkräftigen Unterstützung der eingreifenden Venus (Aeneas' Mutter, die Göttin der Liebe) und Juno (Gattin des Jupiter, des höchsten Gotts). Sie kommen auf abenteuerliche Weise in einer Höhle zusammen, in der sie während einer Jagd vor einem Regensturm Unterschlupf gesucht haben. Recht rasch aber erkennen die Götter, dass Aeneas niemals Italien erreichen und daher Rom nie gegründet wird, wenn er Afrika nicht verlässt. Das geht natürlich ganz und gar nicht – kein römisches Reich, keine beängstigende Weltherrschaft, keine lateinische Lyrik, keine Fußbodenheizung, keine geraden Straßen usw. usw. Daher senden sie mit Merkur einen Boten aus, um Aeneas auf Trab zu bringen.

Dies führt zu einer der unheilvollsten Trennungen der Geschichte (Und diese Passage der *Aeneis* in Buch Vier ist grandios, eine der schönsten literarischen Stellen überhaupt und hat darüber hinaus die Komponisten Purcell (*Dido und Aeneas*) sowie Berlioz (*Die Trojaner*) zu zwei Opern inspiriert).

Wie Sie nachlesen können, benimmt sich Aeneas wie ein Angsthase. Anstatt Dido entgegenzutreten und ihr ruhig aber freundlich mitzuteilen, dass er schlagartig abberufen wurde, um die Grundsteine des weltgrößten Reichs zu legen, kneift er. Er plaudert mit seinen nutzlosen männlichen Freunden (fast immer eine idiotische Idee) und kommt zu dem Schluss, es wäre für alle am besten, mit dem Packen zu beginnen. Er will einen »geeigneten« Moment abwarten, um Dido mitzuteilen, dass er sie im Stich lässt.

Da sie nicht völlig schwer von Begriff ist, erkennt sie, was vorgeht, und ist extrem sauer. Falls es irgendetwas Schlimmeres gibt, als verlassen zu werden, dann ist es das Wissen, von jemandem verlassen zu werden, der dies zwar mit seinen zweifellos bescheuerten Freunden besprochen hat, aber nicht den Mut besitzt, es auszuspucken.

...Eadem impia Fama furenti
Detulit armari classem cursumque parari.
Saevit inops animi totamque incensa per urbem
Bacchatur, qualis commotis excita sacris
Thyias, ubi audito stimulant trieterica Baccho
Orgia nocturnusque vocat clamore Cithaeron.
Tandem his Aenean compellat vocibus ultro:
»Dissimulare etiam sperasti, perfide, tantum
Posse nefas tacitusque mea decedere terra?
Nec te noster amore nec te data dextera quondam
Nec moritura tenet crudeli funere Dido?...
    Aeneis IV, 298-308

(...) Der Lieberasenden meldet wieder die ruchlose Fama, man rüste die Flotte zur Abfahrt. Sinnlos tobt sie und rast voll Zorn überall durch die Stadt; so rast die Mänade, vom Anblick erregt der Weihegefäße wenn, nach dreier Jahre Verlauf, die Orgien wieder stacheln mit Bakchusruf und nachts laut ruft der Kithaeron. Endlich stellt sie von selbst den Aeneas, spricht zu ihm also: »Auch noch verbergen zu können erhofftest du, Treuloser, solchen Frevel und ganz in der Stille aus meinem Lande zu weichen? Hält meine Liebe dich nicht, die Hand nicht, einst mir gegeben? Hält nicht Didos Tod dich zurück, der grausam bevorsteht? (…)«

Mit anderen Worten: Dido bricht in Tränen aus und wird laut. Und meine Herren, auch wenn sie vielleicht ein klein wenig überreagierte (was ihren Aufstand in Karthago betrifft, als sie sich wie in bacchantischer Ekstase gebärdete), ich kann ihr mit Sicherheit nichts vorwerfen. *So* sollte sich ein Mann auf keinen Fall verhalten.

Nachdem Aeneas von Dido zur Rede gestellt wird, reagiert er völlig unangemessen und taktlos: Wäre es nach ihm gegangen, befände er sich noch immer in Troja und nicht in dieser trostlosen Stadt. Es läge nicht an ihr, sondern an ihm und an den Befehlen der Götter. Ich bin sicher, solche Worte kennen wir alle nur zu gut.

»Ego te, quae plurima fando
Enumerare vales, numquam, regina, negabo
Promeritam, nec me meminisse pigebit Elissae
Dum memor ipse mei, dum spiritus hos regit artus.
Pro re pauca loquar. neque ego hanc abscondere furto
Speravi (ne finge) fugam, nec coniugis umquam
Praetendi taedas aut haec in foedera veni.
Me si fata meis paterentur ducere vitam
Auspiciis et sponte mea componere curas,
Urbem Troianam primum dulcisque meorum
Reliquias colerem, Priami tecta alta manerent,
Et recidiva manu posuissem Pergama victis.
Sed nunc Italiam magnam Grynneus Apollo,
Italiam Lyciae iussere capessere sortes;

Hic amor, haec patria est…
Desine meque tuis incendere teque querelis;
Italiam non sponte sequor.
      Aeneis IV, 333-347; 360-361

»Niemals will ich all die Verdienste, die du, Fürstin, mir aufzählen kannst, dir irgend bestreiten, niemals soll mich's verdrießen, Elissas zu denken, solang ich meiner bewusst bin, solange noch Geist diese Glieder durchwaltet. Kurz nun erklär ich mein Tun: nicht wähnt' ich, verstohlen die Flucht hier dir zu verbergen, – so darfst du nicht denken, – noch habe je ich Anspruch auf Ehe gemacht oder kam, dies Bündnis zu schließen. Ließe das Schicksal mich nach meinem Willen mein Leben führen und ganz aus eigener Kraft meine Anliegen ordnen, hielte ich Troja zuerst und der Meinen trautes Vermächtnis fromm in Ehren, es ragten empor des Priamus Häuser, hätte ich Pergamus selbst wieder neu erbaut den Besiegten. Jetzt aber hieß mich Apollo von Grynium, hieß das Orakel Lykiens mich nach Italien ziehn, in Italien bleiben; dies ist Liebe, dies Heimat (…) Reize nun mich und dich nicht weiter mit all deinen Klagen: Nicht von mir aus such' ich Italien.«

Oh je, oh je, Aeneas, was für eine schreckliche Art, jemandem den Laufpass zu geben. Jetzt geht Dido richtig in die Luft. Sie hat einige Gründe, wütend zu sein – man könnte zum Beispiel darauf hinweisen, dass die Affäre keineswegs völlig einseitig war. Vielmehr erlebte Aeneas eine fantastische Zeit, schlemmte jede Nacht an Didos Tafel und genoss ihre Großzügigkeit in vielerlei Hinsicht. Hauptsächlich ist sie jedoch wegen seiner völligen emotionalen Unfähigkeit und seinem offensichtlichen Mangel an Einfühlungsvermögen stinksauer. »*Num lumina flexit?*« fragt sie. »*Num lacrimas victus dedit aut miseratus amantem est?*« – »Hat er mich jemals angesehen? Hat er jemals eine Frau bedauert, die ihn liebte, oder gar eine Träne ihretwegen vergossen?« Nein Dido, das hat er ganz bestimmt nicht.

Ein Beispiel, wie es im Buche steht. Dido wird immer wütender, weil Aeneas immer mehr den Anschein macht, er würde sich den Teufel um sie scheren. Dieser Anflug von verrücktem Verhalten einer Ex-Freundin, in dem sich Dido hier ergeht, wäre vermeidbar gewesen, wenn Aeneas sich nicht so kalt und gefühllos verhalten hätte.

In Wirklichkeit ist Aeneas natürlich bestürzt, aber von der typisch männlichen Unfähigkeit, seinen Gefühlen Ausdruck zu verleihen, so gelähmt, dass er kein Wort hervorbringt:

At pius Aeneas, quamquam lenire dolentem
Solando cupit et dictis avertere curas,
Multa gemens magnoque animum labefactus amore
Iussa tamen divum exsequitur classemque revisit.
Aeneis IV, 393-396

Aber wenngleich sich Aeneas gedrängt fühlt, tröstend ihr Leid zu lindern
und Kummer und Gram mit freundlichem Wort zu verscheuchen wenn
er auch seufzt, schon wankend gemacht durch den Ansturm der Liebe,
handelt er fromm doch nach Göttergeheiß´ und mustert die Flotte.

Ich fürchte, das ist komplett nutzlos. Aeneas »gibt keine gute Figur ab«, wie mein ehemaliger Tutor Jason Griffin betrübt schrieb. Und er wird in seinem miesen Verhalten durch einen weiteren Besuch eines männlichen Freundes bestärkt. In diesem Fall ist es der Gott Merkur, der ihm mitteilt, er solle sich zusammenreißen, Frauen wären immer launisch und irrational: »*varium et mutabile semper femina*« – »Ein buntveränderlich Etwas bleibt das Weib!« Vergleichen Sie das mit der ebenfalls ärgerlichen berühmten Kanzone des Herzogs von Mantua in Verdis *Rigoletto*: »La donna è mobile/ Qual piuma al vento,/ Muta d'accento – e di pensiero« – »Die Frau ist launisch wie eine Feder im Wind, sie verändert ihren Tonfall und ihre Gedanken.«

Das alles ist natürlich schrecklich ungerecht, denn Dido war alles andere als unbeständig.

Noch etwas: Dido wäre gut beraten gewesen, aus Aeneas' früheren Liebesbeziehungen zu lernen. Hätte sie seinen Erzählungen Beachtung geschenkt, wäre sie vor seinem ungehobelten Umgang mit dem weiblichen Geschlecht gewarnt gewesen.

Der erste Teil der Aeneis ist wie folgt aufgebaut: Buch Eins erzählt von der Ankunft der Trojaner in Afrika. Nach einigem Hin und Her werden sie von den Karthagern eingeladen und lassen sich zum Abendessen nieder. Aeneas wird gebeten, der Gesellschaft von seinen letzten Reisen zu erzählen, und er leistet dem Folge. Die Bücher Zwei und Drei bestehen ausschließlich aus Rückblenden, in denen Aeneas von der Plünderung Trojas und den anschließenden Fahrten mit seiner Mannschaft durch das Mittelmeer berichtet.

In Buch Zwei, in dem Aeneas den Karthagern vom Niedergang Trojas erzählt, werden wir mit Aeneas' Ex-Frau Creusa, der Mutter seines Sohns Askanius (der manchmal auch Julus genannt und deshalb mit gewisser Fantasie für den Gründer der Sippschaft des Julius Caesar, der Julier, gehalten wird) bekannt gemacht. Aeneas' Behandlung seiner Gattin macht klar, dass man ihn als *ausgesprochen* miserablen Partner einstufen muss.

Folgendes geschieht: Während der Endphase der Belagerung, als die Stadt dank des Trojanischen Pferdes von den Griechen überrannt wird, begegnen Aeneas zwei übernatürliche Erscheinungen.

Der erste Besucher ist der Geist des trojanischen Helden Hektor (im ersten Akt von Berlioz' Oper *Die Trojaner* ist dies eine besonders schöne und ziemlich gruselige Szene) und der zweite seine Mutter, die Göttin Venus (diese ist passenderweise die Schutzheilige der Liebenden und Liebesverräter). Zufällig ist Aeneas während dieser Visionen außer Haus und in der Stadt unterwegs, wo er Zeuge diverser Gräueltaten wie der Abschlachtung des betagten Königs Priamos wird.

Die Botschaften Hektors und seiner Mutter sind eindeutig. Hektor sagt: Verschwinde aus Troja, es ist dein Schicksal, dein Volk an den zukünftigen Ort einer großartigen Stadt (natürlich Rom) zu führen. Seine Mutter sagt: Warum in Gottes Namen ziehst Du sinnlos durch die Straßen, während du zu Hause einen behinderten Vater, einen kleinen Sohn und eine Frau sitzen hast, die demnächst hart bestraft werden, wenn du nicht auf der Stelle nach ihnen siehst?

Aeneas tut, was sie sagt und kehrt nach Hause zurück. Unglücklicherweise erleidet er dort einen Rückschlag. Sein Vater Anchises, ein starrköpfiger alter Kerl, weigert sich, das Haus der Familie zu verlassen und billigt den Plan der Auswanderung in keiner Weise. Daraufhin verliert Aeneas völlig die Fassung, schnallt erneut seine Rüstung um und schickt sich an, davonzustürmen, um im Kampf zu sterben – »*numquam omnes hodie moriemur inulti*« – »Wahrlich, nicht alle verfallen wir heut einem Tod ohne Rache« sind seine Worte. Die arme Creusa muss zur Haustür laufen, ihn an den Füßen packen (im Lateinischen wird das mit »*haerebat*« – »sich an diesen festklammern« wunderbar ausgedrückt) und ihn darum bitten, seine Familie nicht zu vergessen. Aeneas' Reaktion ist die denkbar schlimmste – weder ergreift er die Flucht aus Troja, um seine Bestimmung zu erfüllen, noch unternimmt er einen Versuch, seinen Sohn, seinen Vater und seine Frau zu beschützen.

Daraufhin spricht Creusa diese traurigen Worte:

»*Si periturus abis, et nos rape in omnia tecum;*
Sin aliquam expertus sumptis spem ponis in armis,
Hanc primum tutare domum. cui parvus Iulus,
Cui pater et coniunx quondam tua dicta relinquor?«
        Aeneis II, 675-678

»Stürmst du zum Tod, reiß mit dir auch uns in jegliches Schicksal. Setzest begründete Hoffnung indes du hier auf die Waffen, schütze zunächst dies Haus! Wem lässt du den kleinen Julus, wem den Vater, wem mich, die du Gattin einst nanntest, zurück hier?«

Wohl wahr, Creusa! Aeneas benimmt sich wie ein Idiot. Nicht jeder ist mit mir einer Meinung. In der Tat erinnere ich mich daran, wie ich 1988 vor meiner grandiosen Lateinlehrerin Frau Smart genau diese Aussage getroffen habe und sie ziemlich verärgert war, weil man Aeneas zumindest als absolut anständigen Menschen bezeichnen könne.

Aeneas antwortet ihr nicht. Wie sein Verhalten gegenüber Dido sogar noch verdeutlicht, ist es nicht gerade seine Stärke, seinen Frauen in hochdramatischen Momenten eine Antwort zu geben. In diesem Fall erspart ihm ein weiteres übernatürliches Ereignis die Mühe – eine Flamme scheint über Askanius' Haupt zu züngeln und schließlich schießt ein Komet durch den Nachthimmel. Am Ende sind die männlichen Familienmitglieder davon überzeugt, es wäre an der Zeit, das Land zu verlassen. Man kann fast spüren, wie sich die Olympier erschöpft fragen, wie vieler Visionen und Omen es noch bedarf, bis dieser Typ endlich seiner Bestimmung nachkommt.

Schließlich nimmt Aeneas seinen Vater und setzt ihn auf seine Schultern. Den kleinen Askanius hält er an der Hand. Creusa folgt ihnen nach. Sie gehen.

Dann passiert etwas Furchtbares. Als sie am vereinbarten Versammlungsort, einem Grabmal außerhalb der Stadt, ankommen, stellt Aeneas fest, dass Creusa fehlt. Er gibt zu, dass er zu keinem Zeitpunkt der Flucht *»respexi animumve reflexi«* »zurückgeschaut oder einen Gedanken an sie verloren« hätte. Welch schreckliches Verhalten und ein Hinweis darauf – hätte Dido diesen nur befolgt –, dass Aeneas unglaublich unüberlegt handeln und extrem rücksichtslos

gegen seine Geliebten sein konnte. Inzwischen ist Aeneas natürlich wegen des Verlusts seiner Frau am Boden zerstört und läuft in die Stadt zurück, um sie zu finden.

Allerdings zu spät!

Zurück zu Buch Vier. Ich muss an dieser Stelle zugeben, dass Dido etwas zu weit geht. Ja, sie reagiert zu heftig. Sie errichtet einen Scheiterhaufen, steigt darauf und durchbohrt sich mit Aeneas' Schwert (eine ganz schön phallische Metaphorik). Dennoch: wäre Aeneas nicht solch ein Schurke gewesen, hätte sich Dido wohl nicht für diese grandiose Geste entschieden. Und wie sich zeigt, bringt ihm sein ungebührliches Verhalten überhaupt nichts.

Zunächst besinnt er sich nach ihrem Tod eines Besseren (Wieder einmal zu spät). Es ist geschehen. An einer späteren Stelle in Buch Sechs stattet er der Unterwelt einen Besuch ab, wo er seinen Vater trifft, der mittlerweile auch tot ist und diesem sinnvollerweise die Zukunft Roms vorzeichnet. Aber er begegnet auch Dido, die sich bei den anderen Geistern befindet, »*quos durus amor crudeli tabe peredit*«, »alle die, denen harte Liebe grausam zehrte am Mark«.

Jetzt ist Aeneas derjenige, der wehmütig wird:

> »*Invitus, regina, tuo de litore cessi.*
> *Sed me iussa deum, quae nunc has ire per umbras,*
> *Per loca senta situ cogunt noctemque profundam,*
> *Imperiis egere suis; nec credere quivi*
> *Hunc tantum tibi me discessu ferre dolorem.*
> *Siste gradum teque aspectu ne subtrahe nostro.*
> *Quem fugis? extremum fato quod te adloquor hoc est.*«
> *Talibus Aeneas ardentem et torva tuentem*
> *Lenibat dictis animum lacrimas ciebat.*
> *Illa solo fixos oculos aversa tenebat*
> *Nec magis incepto vultum sermone movetur*

Quam si dura silex aut stet Marpesia cautes.
    Aeneis VI, 460-471

»Wider Willen, o Königin, schied ich von deinem Gestade. Aber der Götter Befehle, die jetzt mich zwingen, zu wandern hier durch Schatten, durch Modergefild und nächtige Tiefen, trieben durch ihre Macht mich fort; auch konnt' ich nicht glauben, durch mein Scheiden dir je solchen Schmerz zu bereiten. Bleib doch! Entziehe dich nicht meinem Blick! Vor wem nur entfliehst du? Hier dich zu sprechen vergönnt zum letzten Male das Schicksal.« Also versuchte Aeneas, den Zorn ihres Herzens zu mildern und ihren stieren Blick; ihm rannen ständig die Tränen. Sie aber abgewandt, hielt starr am Boden die Blicke, ebenso wenig rührt beim Beginn des Gesprächs sich ihr Antlitz, wie wenn harter Stein oder Bildnis stünde von Marmor.

Das ist die lateinische Entsprechung von »jemanden mit Missachtung strafen«.

In der Tat ist Didos Hass so tief, dass er (angeblich) eine böse Feindschaft zwischen den jeweiligen Ländern hervorruft, die (in der wahren Geschichte) zu den drei Punischen Kriegen zwischen Rom und Karthago, der damals größten Seemacht des Mittelmeers, führte.

Dieser Konflikt währte ein Jahrhundert und verlief zeitweilig auf Messers Schneide. Während dieser Kriege überquerte Hannibal mit seinen Elefanten die Alpen und fiel in Italien ein. Die Auseinandersetzung kam im Jahr 149 v. Chr. endgültig zu ihrem Ende, als Karthago nach dreijährigem Kampf dem Erdboden gleichgemacht wurde. Das geschah nach einer konzertierten politischen Kampagne von Leuten wie Cato dem Älteren, von dem erzählt wird, er habe alle seine Reden mit den Worten »*Carthaginem esse delendam*« »Karthago muss zerstört werden« beendet. Das ist sogar heutzutage noch ein nützliches Zitat, das man in Gegenwart von Intimfeinden in seinen Bart murmeln kann.

Das Fazit fällt so aus: Würden Sie nicht auch sagen, dass alles viel besser verlaufen wäre, wenn Aeneas von vornherein überlegter gehandelt hätte?

VI. Liebesschmerz

Miser Catullus, desinas ineptire
Et quod vides perisse perditum ducas.
Catull du Armer, lass' sie sein, die Dummheiten,
Was du verloren siehst, das ist dahin, glaub's nur!

Die Liebe ist eine Krankheit. Das wussten auch die Menschen der Antike ganz genau. In der lateinischen und griechischen Dichtung wimmelt es von Metaphern, bei denen die Liebe mit Krankheit und Wunden in Verbindung gebracht wird. Nicht umsonst gehört zu Cupidos *modus operandi*, dass er mit einem Pfeil ins Herz schießt. Die Liebe ist nicht unbedingt immer ein Zuckerschlecken.

Selbst das aufregende Anfangsstadium einer Affäre kann verwirrende, physiologische Effekte nach sich ziehen. Wie Robert Ranke-Graves in seinem Gedicht »Symptome der Liebe« schreibt: »*Liebe ist ein weltweiter Kopfschmerz,/ Ein heller Fleck im Blickfeld,/ Der die Vernunft ausblendet*«.

Im Folgenden Catulls Gedicht 51 (eigentlich eine Übersetzung eines berühmten Gedichts der griechischen Schriftstellerin Sappho). Es ist eine großartige Skizze des Verlangens und der Eifersucht: Der Erzähler beobachtet mit Entsetzen, wie ein Rivale mit seiner Geliebten anbändelt. Hatten Sie jemals das Gefühl, wie Ihnen der Boden unter den Füßen weggezogen wird und es in Ihren Ohren dröhnt? Genau so ist es – wobei das in der deutschen Übersetzung schwer adäquat wiederzugeben ist.

Ille mi par esse deo videtur,
Ille, si fas est, superare divos,
Qui sedens adversus identidem te

Spectat et audit
Dulce ridentem, misero quod omnis
Eripit sensus mihi: nam simul te,
Lesbia, aspexi, nihil est super mi
[Vocis in ore]

Lingua sed torpet, tenuis sub artus
Flamma demanat, sonitu suopte
Tintinant aures, gemina teguntur
Lumina nocte.

Otium, Catulle, tibi molestum est:
Otio exsultas nimiumque gestis:
Otium et reges prius et beatas
Perdidit urbes.

Göttergleich, so will es mir scheinen, ja der
Steht noch über Göttern – wenn dies kein Frevel –
Wer des öftern dir gegenübersitzt, dich
ansieht und hört, wie

Reizend süß du lachst, was mich Armen aller
Sinne gleich beraubt; denn wenn ich einmal dich
Nur erblicke, Lesbia, kann ich nicht mehr
… sprechen …,

Schwer und lahm wird mir dann die Zunge, wie von
Flammen, so durchrieselt es mich. Die Ohren
Klingen mir und brausen. Es wird mir schwarz wie
Nacht vor den Augen.

Mußezeit bekommt dir nicht gut, Catullus,
Muße macht zu dreist dich und übermütig.
Muße hat schon glückliche Herrn und Städte
Völlig vernichtet.

Catull gelingt es brillant, die Paradoxie der Liebe, die Qual einer Hassliebe darzustellen. Werfen wir einen genaueren Blick auf den berühmten Zweizeiler, mit dem dieses Buch begann.

Odi et amo. Quare id faciam, fortasse requiris?
Nescio, sed fieri sentio, et excrucior.

Hass erfüllt mich und Liebe. Weshalb das?, so fragst du vielleicht mich.
Weiß nicht. Doch dass es so ist, fühl ich und quäle mich ab.

Obwohl dieses Gedicht extrem gestrafft ist und sich auf vierzehn Wörter beschränkt, versetzt es uns unmittelbar in eine unglaublich anschauliche Gefühlswelt. Es fängt präzise die Emotionen ein, die einen befallen, wenn man in einer schmerzhaften Liebesbeziehung steckt: Das Paradox, sein ärgster Feind (man liebt und hasst zugleich) und gleichzeitig machtloses Opfer unauslöschlicher Gefühle (die einen überkommen) zu sein. Das heftige, aufgeladene »*excrucior*«, das »ich werde gequält« oder »ich werde gekreuzigt« bedeutet, wirkt in einem Gedicht, das sich ansonsten einer normalen, einfachen Sprache bedient, wie ein Nadelstich. Plötzlich wird man (zum Beispiel) an die entlaufenen Sklaven des Spartacus erinnert, die auf einer Strecke von über hundert Kilometern entlang der Via Appia an Kreuze genagelt wurden. So fühlt sich die Liebe an, sagt Catull: wie ein langsamer, grotesker, schmählicher und unterwürfiger Tod.

In seinem Gedicht 76 bringt Catull die körperlichen und seelischen Schmerzen des Liebeskummers jedoch auf den Punkt:

Siqua recordanti benefacta priora voluptas
Est homini, cum se cogitat esse pium,
Nec sanctam violasse fidem, nec foedere ullo
Divum ad fallendos numine abusum homines,
Multa parata manent in longa aetate, Catulle,
Ex hoc ingrato gaudia amore tibi.
Nam quaecumque homines bene cuiquam aut dicere possunt
Aut facere, haec a te dictaque factaque sunt.
Omnia quae ingratae perierunt credita menti.
Quare iam te cur amplius excrucies?
Quin tu animo offirmas atque istinc teque reducis
Et dis invitis desinis esse miser?
Difficile est longum subito deponere amorem
Difficile est, verum hoc est tibi pervincendum.
Hoc facias, sive id non pote sive pote.
O di, si vestrum est misereri aut si quibus umquam
Extremam iam ipsa in morte tulistis opem,
Me miserum aspicite et, si vitam puriter egi,
Eripite hanc pestem perniciemque mihi,
Quae mihi subrepens imos ut torpor in artus
Expulit ex omni pectore laetitias.
Non iam illud quaero, contra me ut diligat illa,
Aut, quod non potis est, esse pudica velit:
Ipse valere opto et taetrum hunc deponere morbum.
O di, reddite mi hoc pro pietate mea.

Kann das Gedenken an frühere gute Taten mit Freude
Füllen ein Herz, das sich denkt, allezeit warst du getreu,

Brachest niemals dein Wort, hast nie bei einer Verbindung
Götternamen missbraucht und damit Menschen getäuscht:
Sicher bleibt dann auch dir bis ans Ende des Lebens, Catullus,
Freude genug vom Leid dankloser Liebe zurück.
Denn was man in Worten und Werken den andern vermag an
Gutem zu tun, ist von dir alles gesagt und getan.
Alles umsonst! Denn die Undankbare hat alles vergessen.
Darum, was quälst du dich immer noch weiter damit,
Stärkst nicht im Innern dich und gibst dich selbst dir zurück? Denn
Götter wollen es nicht; also kehr dich ab vom Leid!
Schwer, so rasch eine Liebe, die lang man hegte, zu lassen,
Schwierig ist es, jedoch irgendwie musst du hindurch!
Dies deine einzige Rettung, du musst es also erzwingen.
Irgendwie musst du es tun, ob du es kannst oder nicht.
Ewige Götter, kann euch ein Mitleid bewegen und habt ihr
Jemals kurz vor dem Tod noch eure Hilfe verliehn,
Seht mich Armen an, und lebt' ich mein Leben in Reinheit,
Nehmt die grässliche Pest, dieses Verderben von mir!
Weh mir, es wühlt im innersten Mark und mit eisigem Schauer
Hat es aus meiner Brust jegliche Freude getilgt.
Nicht erbitte ich mehr, dass *sie* meine Liebe erwidre,
Nicht, da nicht möglich es ist, dass sie gesitteter sei.
Ich nur möchte genesen, das schreckliche Leiden beenden!
Nur dies einzige gebt, Götter, der Treue zum Lohn!

Catull kommt zu einer entsetzlich schmerzvollen Erkenntnis: Lesbia
kann ihm niemals das geben, wonach er sich sehnt. Er wünschte sich
Treue und Hingabe. Da er mit beidem nicht rechnen kann, lautet die
brutale Wahrheit, dass diese Liebesaffäre beendet werden muss.

Aber das ist geradezu grotesk schwierig. Einerseits ist er imstande,
seine Situation rational zu analysieren, also zu erkennen, dass sein

Schmerz vorübergehen wird. Er weiß zum Beispiel, dass sein Verhalten aufrichtig und korrekt war und weitestgehend in Einklang mit seinen Moralvorstellungen stand. Daraus resultiert ein gewisses Vertrauen, schlussendlich ein glückliches Leben führen zu können.

Andererseits aber empfindet er die momentane Situation als fast unerträglich. Die grauenhafte Liebeskrankheit nimmt ihn stark mit. Er betet zu den Göttern, sie mögen ihm helfen – mehr kann dieser arme Mann nicht tun.

Jeder, dessen Herz schon einmal gebrochen wurde, weiß, dass nur die Zeit die Wunden heilt, aber wenn man mitten in diesen Qualen steckt, hat man das Gefühl, sich nie wieder davon zu erholen. Catull befindet sich an diesem grausamen Tiefpunkt, an dem man (trotz der rationalen Wahrnehmung) überzeugt ist, nie wieder zu lächeln, nie wieder Sex zu haben und sicher nie wieder geliebt zu werden.

Zumindest hat er seine schmerzvollen Gefühle objektiviert und diese eher als Krankheit denn als unauflösbaren Bestandteil seiner selbst eingestuft. Auf diese Weise besteht Hoffnung: Von einer Krankheit kann man sich erholen (beziehungsweise zugegebenermaßen auch daran sterben, aber man sollte die Situation nicht als völlig trostlos einschätzen). Ginge es in diesem Buch um Lebenshilfe, würden wir denjenigen, die eine vergiftete Beziehung hinter sich lassen wollen, die tägliche Wiederholung der Zeile *»eripite hanc pestem perniciemque mihi«,* »Nehmt die grässliche Pest, dieses Verderben von mir!« empfehlen. Wie Catull verdeutlicht, ist es nicht leicht, eine Liebe aufzugeben. Aber er muss – ob er kann oder nicht.

Catull wiederholt vier Verse lang diesen Gedanken, ab dem ersten *»difficile est«* »schwierig ist es« in der Mitte des Gedichts. Er muss sich zwingen, stark zu sein und ich fürchte, genauso funktioniert es.

Ein weiteres großartiges Gedicht über das Hin- und Hergerissensein zwischen Entschiedenheit und Verzweiflung ist Catulls Gedicht Acht, das meines Erachtens zu den großartigsten der Antike zählt:

Miser Catulle, desinas ineptire
Et quod vides perisse perditum ducas.
Fulsere quondam candidi tibi soles,
Cum ventitabas quo puella ducebat
Amata nobis quantum amabitur nulla.
Ibi illa multa cum iocosa fiebant
Quae tu volebas nec puella nolebat,
Fulsere vere candidi tibi soles.
Nunc iam illa non volt, tu quoque, impotens, noli,
Nec quae fugit sectare nec miser vive,
Sed obstinata mente perfer, obdura.
Vale, puella. iam Catullus obdurat
Nec te requiret nec rogabit invitam.
At tu dolebis cum rogaberis nulla.
Scelesta, vae te, quae tibi manet vita?
Quis nunc te adibit? cui videberis bella?
Quem nunc amabis? cuius esse diceris?
Quem basiabis? cui labella mordebis?
At tu, Catulle, destinatus obdura.

Catull, du Armer, lass' sie sein, die Dummheiten,
Was du verloren siehst, das ist dahin, glaub's nur
Wie strahlte einstmals dir der Tage Glanz sonnig,
Als du dem Mädchen, wie es wollte, nachgingest,
Geliebt von dir, wie keine wird geliebt werden!
Und dort, gar viele süße Scherze gab's damals,
Die du gern wolltest und die ihr nicht missfielen.
Wie strahlte wahrlich dir der Tage Glanz sonnig!
Sie will nicht mehr: Nun, dann auch du nicht mehr, Schwächling!
Verfolg' nicht, die dich flieht, und lebe nicht elend,
Ertrag's mit starkem, hartem Herzen, sei standhaft!

Leb wohl, du Mädchen, hart ist schon Catull, standhaft!
Du willst nicht: Er wird nicht mehr bitten, nicht kommen.
Es wird dir wehtun, wenn man dich nicht mehr bittet.
Verruchte, weh dir, welches Leben bleibt dir noch!
Wer kommt zu dir und wer wird dich noch schön finden?
Wen wirst du lieben, wessen Liebste dann heißen?
Wen wirst du küssen, wessen Lippen wund beißen?
Doch du, Catullus, bleibe hart und bleib standhaft!

Wie in Gedicht 76 spricht Catull gleichsam zu seinem Verstand. Er schwankt zwischen dem grausamen Entschluss, einen Schlussstrich unter seine alte Partnerschaft zu ziehen, und einer gewissen Wehmut. Irgendwo im tiefsten Inneren wünscht er sich, weiter mit Lesbia zusammen zu sein.

Die folgende Liebesgeschichte ist völlig anders – sie endet eher aufgrund von Schuldgefühlen als wegen einer Zurückweisung –, aber dennoch ist Laura Jesson im Spielfilm *Begegnung* sehr catullisch, wenn sie sich selbst zu überreden versucht, stark zu sein, und scheitert:

»Das kann nicht andauern. Diese Qual kann nicht andauern. Daran muss ich denken und versuchen, mich selbst in der Gewalt zu haben. Nichts dauert an. Weder Hoffnung noch Verzweiflung. Nicht einmal das Leben dauert sehr lange an. Es wird der Tag kommen, an dem mich diese Sache nicht mehr kümmert, an dem ich zurückblicken und mit innerem Frieden freudig sagen kann, wie dumm ich war. Nein, so etwas möchte ich nicht mehr erleben. Ich möchte mich bis ans Ende meiner Tage immer an jede Minute erinnern.«

»*Vale, puella. iam Catullus oddurat/ Nec te requiret nec rogabit invitam*« – »Leb wohl, du Mädchen, hart ist schon Catull, standhaft!/ Du willst nicht: Er wird nicht mehr bitten, nicht kommen.«

Mit anderen Worten: Sie schicken Ihrer Ex-Freundin (oder Ihrem Ex-Freund) keine Nachricht mehr, Sie telefonieren nicht mehr mit ihr, Sie löschen ihre Nummer und Sie rufen unter gar keinen Umständen betrunken an. Entfernen Sie sich rasch und in gebührendem Sicherheitsabstand vom Telefon und verschließen Sie den entsprechenden Raum.

Wenn sich Catull gegen Ende des Gedichts wiederholt rhetorische Fragen stellt (»*cui videberis bella?*« – »Wer wird dich noch schön finden?« und so weiter), passieren zumindest zwei Dinge. Zunächst vermutet er vor allem aufgrund des Ausmaßes seiner eigenen Ambitionen, dass Lesbia keineswegs einsam sein wird, sondern die Männer förmlich Schlange stehen werden. Und zweitens denkt er an die Zeiten zurück, in denen er sie küsste, berührte und ihr sagte, wie großartig sie sei.

Mein Freund Josh weist auf eine weitere Bedeutungsebene hin. Die Person, an die sich Catull richtet, ist anscheinend Lesbia, aber irgendwann ändert sich das und er richtet sich an sich selbst. Innerlich denkt er, »Ich bin derjenige, der nie wieder geküsst wird, weder von ihr noch von einer anderen«. Das ist das schreckliche Gefühl am Ende einer Beziehung, wenn man sich nicht für liebenswert hält und überzeugt ist, das Liebesleben wäre für immer vorbei.

Das sind die Gründe, warum er sich im letzten Vers so plötzlich zusammenreißen muss – »*destina obdura*« »bleibe hart und bleib standhaft«, sagt er zu sich selbst. Brauchen Sie Selbstbestätigung, können Sie sich diesen Satz jeden Morgen vor dem Spiegel aufsagen. Und weiter geht's!

VII. Heilmittel gegen die Liebe

Discite sanari per quem didicistis amare;
Una manus vobis vulnus opemque feret.

Lernt zu genesen durch ihn, durch den zu lieben ihr lerntet;
Ein und dieselbe Hand hat euch verwundet und hilft.

»Es gibt kein Heilmittel gegen die Liebe.
Es gibt kein Heilmittel gegen die Liebe.
Raumschiffe steigen zum Himmel empor,
die heiligen Schriften sind weit aufgeschlagen,
die Ärzte arbeiten Tag und Nacht,
aber sie entdecken nie das Heilmittel,
das Heilmittel gegen die Liebe.«

Das behauptet der Philosoph und Weise Leonard Cohen.

Ovid jedoch ist anderer Ansicht. Neben der *Ars Amatoria*, in der es darum geht, wie man einen Partner findet und behält, schuf er auch ein Werk mit Namen *Remedia Amoris* (Heilmittel gegen die Liebe), das davon handelt, wie man eine Beziehung beendet und überwindet. Er besitzt keine falsche Bescheidenheit. Hätte Dido sein Gedicht lesen können, so behauptet er, wäre sie nicht auf die Nase gefallen.

Sein erster Ratschlag lautet: Will man eine Liebesbeziehung unversehrten Herzens beenden, sollte man dies eher zu früh als zu spät tun. Es ist einfach, einen Baum auszureißen, so legt er dar, wenn dieser frisch gepflanzt wurde, aber nicht so leicht, wenn dieser schon tiefe Wurzeln geschlagen hat. Er führt das Beispiel der Myrrha an, eine der perversesten Sexgeschichten der griechischen Mythologie. »*Si cito sensisses quantum peccare parares,/ non tegeres vultus cortice,*

Myrrha, tuos.« – »Hättest schnell du erfasst, welch großes Verbrechen du plantest,/ Wäre dir nicht das Gesicht, Myrrha, von Rinde bedeckt.« Die ziemlich grausame Geschichte verläuft so: Myrrha entwickelte eine überwältigende Leidenschaft für ihren Vater. Mit einem Trick gelang es ihr, mit ihm zu schlafen. Als dieser seine mysteriöse, nächtliche Besucherin erkannte (indem er schlicht das Schlafzimmerlicht anmachte), versuchte er, sie zu töten. Aber die Götter verwandelten sie in einen Myrrhebaum und später gebar sie – immer noch als Baum – den sagenhaften Adonis. Diese Geschichte wird in Ovids *Metamorphoses* wunderschön erzählt.

Auch der Dichter Lukrez war von dem Gedanken, der Liebe rasch ein Ende zu setzen, äußerst angetan. Seine Werke entstanden deutlich früher als die des Ovid: Er wurde im Jahr 94 v. Chr. geboren und starb etwa 59 v. Chr., etwa sechs Jahre bevor Ovid geboren wurde. Sein einziges Werk ist das umfangreiche *De rerum natura*, »Von der Natur« (auch bekannt als »Die Welt aus Atomen«), ein großartiges Lehrgedicht in wohlklingenden Hexametern.

Durchwirkt von den Lehren der epikureischen Philosophie handelt es davon, wie die Welt funktioniert: Atomtheorie, Theorien über die Wahrnehmung, Zivilisationstheorien … all dies wird mit schonungslosem Skeptizismus gegenüber Aberglauben und Religion gespickt.

Entgegen der landläufigen Meinung ging es beim Epikureismus nicht hauptsächlich darum, einen prächtigen, genussreichen Lebensstil zu führen, indem man sich von nackten Sklaven ausgezeichnetes Essen servieren ließ, sondern in Wirklichkeit um »*ataraxia*«, das griechische Wort für Unerschütterlichkeit. Für den Epikureer war Vergnügen wichtig, es musste aber in überschaubarem Rahmen bleiben. Das hektische, unzuverlässige Vergnügen der romantischen Liebe, das allzu leicht in Schmerz und Trauer umschlagen kann, war nicht mehr angesagt. Die Epikureer vertraten daher ein ziemlich distanziertes Verhältnis zur Liebe. In ihrer Philosophie war Sex in Ordnung, aber emotionale Verwicklungen nicht, da diese nur zu Problemen führen.

Nam vitare, plaga in amoris ne iaciamur,
Non ita difficile est quam captum retibus ipsis
Exire et validos veneris perrumpere nodos.
　　　　　De Rerum Natura IV, 1146-1148

Denn es ist weniger schwer, die Schlingen der Liebe zu meiden
Als, wenn man einmal gefangen im Netz, daraus zu entkommen
Und zu zerreißen die Knoten, die Venus so kräftig geknüpft hat.

Lukrez schlägt außerdem vor, seine Aufmerksamkeit auf die Fehler der ehemaligen Liebhaber und Liebhaberinnen zu richten: Erstell eine Liste! Ein Freund von mir erzählte allen Ernstes, eine ausgezeichnete Methode, nicht mehr für jemanden übertrieben zu schwärmen, bestünde darin, ein einzelnes Körpermerkmal auszumachen, nach dem man nicht verrückt ist (man findet immer einen kleinen Bierbauch, ein dürres Handgelenk oder eine haarige Hand) und sehr scharf darüber nachzudenken. In einer Folge der amerikanischen Serie *Friends* tut dies Ross bei Rachel, obwohl ihm das aufgrund seiner großen Begeisterung für sie ziemlich schwer fällt. Ihm gelingt es, »sie ist ein wenig verwöhnt«, »sie ist ein wenig naiv« und »ihre Fesseln sind etwas dick« anzuführen. Lukrez hätte vermutlich mehr erwartet.

Ein sehr praktischer Ratschlag, der nach meiner Erfahrung sehr wirkungsvoll ist, lautet, sich in die Arbeit zu stürzen. Hat man aber Zeit, über den Liebeskummer zu grübeln, dann grübelt man auch. Im Lateinischen bedeutet sich in die Arbeit zu stürzen, dass man »*otium*« »Freizeit« gegen »Geschäfte« »*negotium*« eintauscht. Wie Catull in seinem Gedicht 51 feststellt, kann *otium* sehr destruktiven Einfluss

haben: »*otium et reges prius et beatas/ perdidit urbes*« – »Muße hat schon glückliche Herrn und Städte/ völlig vernichtet.« Im Folgenden noch einmal Ovid:

> *Desidiam puer ille sequi solet, odit agentes:*
> *Da vacuae menti, quo teneatur, opus.*
> *Sunt fora, sunt leges, sunt, quos tuearis, amici:*
> *Vade per urbanae splendida castra togae.*
> *Vel tu sanguinei iuvenalia munera Martis*
> *Suspice: deliciae iam tibi terga dabunt.*
> *Ecce, fugax Parthus, magni nova causa triumphi,*
> *Iam videt in campis Caesaris arma suis:*
> *Vince Cupidineas pariter Parthasque sagittas,*
> *Et refer ad patrios bina tropaea deos.*
> *Ut semel Aetola Venus est a cuspide laesa,*
> *Mandat amatori bella gerenda suo.*
> *Quaeritis, Aegisthus quare sit factus adulter?*
> *In promptu causa est: desidiosus erat.*
> Remedia Amoris, 149-162

> Müßigen pflegt der Knabe zu folgen, die Tätigen hasst er:
> Gib deinem leeren Geist etwas, das fesselt, zu tun.
> Foren, Gesetze gibt's hier, deines Schutzes bedürftige Freunde:
> Geh durch das »Heerlager« Rom, das von den Togen erglänzt.
> Oder des blutigen Kriegsgottes Dienst, der sich ziemt für die Jugend,
> Nimm auf dich, und die Lust kehrt dir den Rücken sofort.
> Siehe, der flüchtige Parther, ein neuer Grund für Triumphe,
> Sieht auf seinem Gebiet Caesars Armeen bereits.
> Ebenso Partherpfeile wie die Cupidos besiege;
> Zwei Trophäen zugleich bring zu den Göttern dann heim.
> Seitdem einmal der Speer des Aetoliers Venus verletzt hat,

Trägt ihrem Liebhaber jetzt Kriege zu führen sie auf.
Fragt ihr, was den Aegisthus zum Ehebrecher gemacht hat?
Auf der Hand liegt der Grund: Untätig saß er herum.

Die Parther waren Erzfeinde der Römer, schwer zu besiegende Krieger aus der Gegend des heutigen Iran, die über ein großes Reich im Mittleren Osten herrschten. Aegisthus war der wirklich üble Bursche, der sich mit Klytaemnestra einließ, während ihr Mann Agamemnon zehn Jahre im Trojanischen Krieg kämpfte. Als Agamemnon nach Griechenland zurückkehrte, wurde er von den Liebenden getötet – das ist das Thema des ersten Stücks von Aischylos' alles andere als heiterem dreiteiligem Drama, der *Orestie*. Dies ist eine für Ovid typische Ironie, mit der er andeuten will, dass Aegisthus, die bedeutsame Figur bei Aischylos, in Wirklichkeit ein Prototyp des *Latin Lovers*, ein gelangweilter Flaneur war. Diomedes indessen war ein griechischer Held, dessen Pfeil Venus verwundete, als diese am Kampf um Troja teilnahm. Ovid scherzt also, dass dieser buchstäblich die Liebe im Kampf besiegt habe.

Wenn es Ihnen gelingt, können Sie die Szene auch komplett anders sehen:

Tu tantum, quamvis firmis retinebere vinclis,
I procul, et longas carpere perge vias.
Flebis, et occurret desertae nomen amicae,
Stabit et in media pes tibi saepe via.
Sed quanto minus ire voles, magis ire memento,
Perfer, et invitos currere coge pedes.
     Remedia Amoris, 213-218

Magst auch von festen Banden zurückgehalten du werden,
Geh in die Ferne und weit zieh auf den Straßen dahin.

Zwar wirst du weinen und dich der verlassenen Freundin erinnern,
Stehenbleiben auch oft wird unterwegs dir der Fuß.
Aber je weniger gerne du gehst, desto eifriger gehe;
Halte nur durch! Deinen Fuß zwinge, auch wenn er nicht will.

Sich aus dem Staub zu machen, ist ein alter Trick. Jane Eyre wendet ihn an, als ihre Hochzeit mit Rochester verhindert wird, und Alec Harvey im schon erwähnten Streifen *Begegnung* ebenfalls.

Properz hat genau denselben Standpunkt, als er seine Ex-Freundin Cynthia vergessen will. Ihm schwebt eine Reise nach Griechenland vor – es hätte schlimmer kommen können.

Magnum iter ad doctas proficisci cogor Athenas
Ut me longa gravi solvat amore via.
...Unum erit auxilium: mutatis Cynthia terris
Quantum oculis, animo tam procul ibit amor.
       Properz, II, 21, 1-2, 9-10

Ich muss die lange Reise nach Athen, der Stadt der Bildung, unternehmen, damit die Entfernung mich von meiner bedrückenden Liebe befreit.
Es gibt nur ein Heilmittel: ins Ausland zu reisen; dann ist Cynthia aus den Augen, die Liebe aus dem Sinn.

Athen bot alle denkbaren Aktivitäten, um sich weiterzubilden, die Stadt war *der* Ort, um Philosophie zu studieren. Daher tat sich Properz eine Weile mit den Anhängern von Platon und Epikur zusammen – wie wir gesehen haben, konnte Letzterer ihm vermutlich einige Ratschläge für sein Liebesproblem geben. Er hofft, »*aut spatia annorum aut longa intervalla profundi/ lenibunt tacito vulnera nostra sinu*« – »Die langen Jahre und das weite Meer, das uns trennt, werden in meiner stillen Brust die Wunden lindern«.

Verbringen Sie nicht zuviel Zeit alleine. Es gibt nichts Schlimmeres für ein gebrochenes Herz als Einsamkeit – man grübelt einfach zu viel. Sie wollen doch nicht wie Miss Havisham in Charles Dickens' *Große Erwartungen*, als verbitterte alte Jungfer enden, oder? Gut! Nehmen Sie deshalb an vielen gesellschaftlichen Ereignissen teil und verabreden sie sich abends mit Ihren Freunden. Das wird Sie von allem ablenken. *»Tristis eris, si solus eris, dominaque relictae/ ante oculos facies stabit, ut ipsa, tuos.«* – »Traurig wirst du, wenn alleine du bist; der verlassenen Herrin/ Bild wird, als wär' sie es selbst, vor deinen Augen dann stehn.« Lukrez empfiehlt, wie immer zynisch, waschechten Gelegenheitssex, um sich abzulenken:

Nam si abest quod ames, praesto simulacra tamen sunt
Illius et nomen dulce obversatur ad auris.
Sed fugitare decet simulacra et pabula amoris
Absterrere sibi atque alio convertere mentem
Et iacere umorem conlectum in corpora quaeque,
Nec retinere, semel conversum unius amore,
Et servare sibi curam certumque dolorem.
     De Rerum Natura IV, 1061-1067

Denn ist dir fern, was du liebst, so sind doch die Bilder der Liebe
Immer dir nah und lieblich ans Ohr klingt immer ihr Name.
Aber man sollte die Bilder verbannen, man sollte der Liebe
Jegliche Nahrung entziehen, den Sinn auf anderes richten
Und den gesammelten Saft auf beliebige Leiber verschleudern,
Statt ihn aufzubewahren, um *einer* Liebe zu frönen
Und sich nur sichere Sorge und Schmerzen dadurch zu bereiten.

Und zu guter Letzt dürfen Sie keine Liebesgedichte mehr lesen. Davon wird man am Ende immer traurig. Erinnern Sie sich an Captain

Benwick in Jane Austens *Überredung* (Persuasion)? Den traurigen Mann, der seine Verlobte verlor und schließlich Louisa Musgrove heiratet? Er rezitiert immer mit »so viel innerer Bewegung verschiedene Zeilen, die von einem gebrochenen Herzen oder einem durch Unglück erschütterten Gemüt handelten«, was Anne Elliot zu der Anmerkung verleitet, »dass sie es für das Unglück der Lyrik halte, selten ungestraft von denen gelesen zu werden, die sie mit Genuss läsen, und dass die empfindsamen Seelen, die allein sie vielleicht zu schätzen wüssten, genau die Seelen seien, die nur vorsichtig davon kosten sollten.«

Wie Ovid sagt:

❦
> *Eloquar invitus: teneros ne tange poetas;*
> *Summoveo dotes ipsius ipse meas.*
> *Callimachum fugito, non est inimicus amori;*
> *Et cum Callimacho tu quoque, Coe, noces.*
> *Me certe Sappho meliorem fecit amicae,*
> *Nec rigidos mores Teia Musa dedit.*
> *Carmina quis potuit tuto legisse Tibulli*
> *Vel tua, cuius opus Cynthia sola fuit?*
> *Quis poterit lecto durus discedere Gallo?*
> *Et mea nescioquid carmina tale sonant.*
> *Remedia Amoris, 757-766*

❦
Ungern nur sag' ich's: Du sollst die zarten Poeten nicht anrührn;
Dadurch entziehe ich dir selber mein eignes Talent.
Meide Callimachus, denn kein Feind ist der ja der Liebe;
Und zusammen mit ihm, Coër, bist schädlich auch du.
Sappho jedenfalls hat meine Liebe zur Freundin gesteigert;
Was der Teïer schrieb, spröde gemacht hat's mich nicht.
Wer kann deine Gedichte gefahrlos lesen, Tibullus,

Oder die einen, der du Cynthia einzig besingst?
Wer kann, liest er den Gallus, danach gefühllos noch bleiben?
Und was ich dichte, ist irgendwie ähnlich im Ton.

In dieser Sequenz werden alle großen lateinischen und griechischen Liebeslyriker aufgezählt, die wir nun inklusive Ovid in den Giftschrank verbannen sollten.

Zum Glück steht nur noch ein Kapitel aus, in dem es um Catull geht, den Ovid praktischerweise nicht aufgezählt hat. Und ich kann Ihnen ein Happy End versprechen.

VIII. Der Nächste, bitte!

Nulla viri speret sermones esse fideles
Keine soll mehr hoffen, dass zuverlässig die Worte.

Nicht nur der armen alten Dido wurde von ihrem schamlosen Liebhaber recht jäh der Laufpass gegeben (siehe Kapitel V, Verlassen), es gibt in der lateinischen Literatur unverzeihlich viele Trennungen dieser Art: Eine der schönsten, oder sollte ich sagen: schlimmsten, stammt von Catull. Sie findet in Gedicht 64 statt, seinem längsten, ambitioniertesten und grandiosesten Werk – einem Epyllion, einem kleinen Epos. Es ist ein Meisterwerk.

Das Thema von Catulls Gedicht 64 ist vordergründig die Hochzeit von Peleus und Thetis. In der griechischen Mythologie war Peleus einer der Argonauten, der mit Jason nach Kolchis ans Schwarze Meer im heutigen Georgien fuhr, um das Goldene Vlies ausfindig zu machen. Thetis war eine Meeresgöttin – und es war für eine Göttin außergewöhnlich, einen sterblichen Mann zu heiraten, auch wenn Zeus es sich zur Gewohnheit machte, in jeder erdenklichen, perversen Weise mit sterblichen Frauen ins Bett zu gehen und sich als Schwan, als Stier und sogar als Goldregen tarnte. Dennoch bekam Peleus sie und eine Reihe anderer Wassernymphen zu sehen, als er mit seinen Freunden auf dem Weg nach Kolchis war. Catull beschreibt ziemlich sinnlich, welch hübschen Dinge er zu sehen bekommt – Brüste »*exstantes e gurgite cano*«, »die aus dem schäumenden Wasser herausragten«.

Es ist Liebe auf den ersten Blick und das Gedicht springt ohne Umschweife zur Hochzeit in Thessalien.

Catull beschreibt den unglaublichen Prunk des königlichen Palasts:

Candet ebur soliis, collucent pocula mensae,
Tota domus gaudet regali splendida gaza.
    Catull, 64, 45-46

Elfenbein blinkt an den Sesseln, es spiegeln die Tafelpokale:
Herrlich der ganze Palast, er strahlt von den fürstlichen Schätzen.

Es sieht aus wie im Hause Beckham.

Peleus und Thetis waren übrigens die Eltern des großen Helden Achill. Thetis, die im Film *Troja* von der wunderbaren Julie Christie gespielt wird, stattete ihn mit seiner berühmten Rüstung aus, die vom Gott Hephaistos in Handarbeit gefertigt wurde. Indem sie ihn in den Fluss Styx taucht, macht sie ihn unbesiegbar, vergisst aber seine Ferse, an der sie ihn hielt. Daher rührt der Begriff Achilles-Ferse, mit dem eine verwundbare Stelle gemeint ist. Aber ich schweife ab, wovon das Gedicht in Wirklichkeit handelt.

Gerade wenn man meint, man bekäme in der großzügigen Ausführlichkeit einer Frauen-Illustrierten erzählt, welches Essen es gab, was die Braut trug und wer die Gäste waren, wechselt das Thema des Gedichts völlig. Es beginnt mit der Beschreibung der Tagesdecke auf dem Bett des Brautpaars, auf die ein Bild der griechischen Heldin Ariadne gestickt ist. Und nun geschieht es, dass Ariadne zum zentralen Thema des Gedichts wird. Wir vergessen (außer in den Momenten, in denen uns Catull etwas demonstrativ daran erinnert), dass wir angeblich nur ein wunderschönes Stück Stoff betrachten. Das Bild von ihr entwickelt ein Eigenleben – so wie ein wirklich großartiges Kunstwerk einen einnehmen und vergessen lassen kann, dass es außerhalb seines Rahmens noch eine andere Welt gibt.

An diesen Effekten waren Catull und seine Kollegen, die sogenannten Neoteriker, interessiert – dem Spiel mit formalen Erwartungen, dem Zusteuern auf geheime Details, dem bewussten Verzerren konventioneller Verhältnisse … dies erinnert mich ein wenig (obwohl es dort noch extremer ist) an Thomas Pynchons Roman *Die Versteigerung von No. 49*, in dem eine urkomische und peinlich genaue Inhaltsbeschreibung eines apokryphen, jakobinischen Rachestücks namens *The Courier's Tragedy*, das von einem gewissen Randolph Driblette inszeniert wird, eine große Passage in einem Buch von 200 Seiten einnimmt. Diese endet mit folgenden Worten: »Der fünfte Akt, von vorne bis hinten eine Antiklimax, beginnt mit dem Blutbad, das Gennaro am Hofe von Squamuglia anrichtet. Jede Art von gewaltsamen Todesarten, die dem Renaissancemenschen geläufig waren, einschließlich eines Laugenbads, Tretminen und eines abgerichteten Falken mit vergifteten Krallen, kommt zur Anwendung«.

Großartig – aber ich schweife wieder ab.

Kommen wir also zu Ariadne. Sie war die Tochter des kretischen Königs Minos, der ein solch mächtiger Herrscher war, dass der athenische König, der sich Tausende von Kilometern entfernt auf dem griechischen Festland befand, jedes Jahr sieben Mädchen und sieben Jungen als Tribut (ein Euphemismus für ein Abendmahl mit vierzehn Gängen) an den Minotaurus schicken musste. Dieser war die grässliche Gestalt mit menschlichem Körper und dem Kopf eines Stiers, die Minos im Zentrum seines labyrinthischen Palasts versteckt hielt. In Wirklichkeit war der Minotaurus der Stiefsohn des Minos und der Sohn von dessen Frau Parsiphae. In einer der seltsameren Episoden der klassischen Mythologie verliebte sich Parsiphae in einen prachtvollen Stier. Unter Mithilfe von Daedalus (der später den unerfreulichen Vorfall mit seinem Sohn Ikarus und dem geschmolzenen Wachs erlebte) fand sie einen Weg, um mit dem Stier zu schlafen. Daedalus baute ihr eine Art Kuhgestell, in das sie kroch. Der Stier

verrichtete seine Aufgabe und nach neun Monaten kam der kleine Minotaurus zur Welt. Ich vermute, er war kein besonders hübsches Kind.

In einem Jahr zählte zu dem Tribut von jungen Männern und Frauen auch der Sohn des Königs von Athen, der gutaussehende Theseus. Minos' Tochter Ariadne war von Theseus' feschem Aussehen so angetan, dass sie ihm dabei half, ihren eigenen Halbbruder, den Minotaurus, zu töten. Sie stattete ihn auch mit einem Wollknäuel aus, damit er nach dem Mord den Weg aus dem Labyrinth finden konnte. Man kann also durchaus sagen, dass sie in einer Weise Einsatz zeigte, die weit über Höflichkeit hinausging.

Alles schien gut. Der Minotaurus war tot, Theseus kam unversehrt aus dem Labyrinth und das Paar setzte die Segel nach Athen. Theseus schien völlig verliebt in Ariadne und diese plante bereits voller Glück eine märchenhafte Hochzeit. Auf dem Rückweg nach Athen legten sie auf der Insel Naxos an, um eine leidenschaftliche Nacht zu verbringen. Als sie am nächsten Morgen aufwachte, war das Schiff nur noch als undeutlicher Fleck am Horizont zu sehen. Er ließ sie mit anderen Worten an einer unbewohnten Küste zurück, nachdem sie ihm dabei geholfen hatte, ihren Bruder umzubringen. Was für ein undankbarer Schweinehund.

An dieser Stelle setzt Catulls Gedicht ein. Da ist sie (auf der Stickerei), wie sie einen ziemlich üblen Morgen erlebt, während das Schiff ihres Verlobten in der Ferne verschwindet:

Haec vestis priscis hominum variata figuris
Heroum mira virtutes indicat arte.
Namque fluentisono prospectans litore Diae,
Thesea cedentem celeri cum classe tuetur
Indomitos in corde gerens Ariadna furores,
Necdum etiam sese quae visit visere credit,

Utpote fallaci quae tum primum excita somno
Desertam in sola miseram se cernat harena.
Immemor at iuvenis fugiens pellit vada remis,
Irrita ventosae linquens promissa procellae.
Quem procul ex alga maestis Minois ocellis,
Saxea ut effigies bacchantis, prospicit, eheu,
Non flavo retinens subtilem vertice mitram,
Non contecta levi velatum pectus amictu,
Non tereti strophio lactentis vincta papillas,
Omnia quae toto delapsa e corpore passim
Ipsius ante pedes fluctus salis alludebant.
  Catull, Gedicht 64, 50-67

Diese Decke, durchwebt mit vergangener Zeiten Gestalten,
Zeigt mit erstaunlicher Kunst der Heroen heldische Taten.
Denn es blickt von dem wellenumtosten Strande von Dia
Hin auf Theseus' schnellentfliehendes Schiff Ariadne,
Die im Herzen trägt unzähmbarer Leidenschaft Schmerzen;
Und sie glaubt es noch nicht, was sie sieht mit eigenen Augen,
Als sie vom täuschenden Schlafe erwacht, verlassen sich findet,
Einsam im Elend gelassen, allein am sandigen Strande.
Doch der Jüngling, der ihrer nicht denkt, er schlägt mit den Rudern
Eilend das Meer; die Schwüre vergehen, dem Wind überlassen.
Ihm starrt nach aus dem Schilfgras mit traurigen Augen des Minos
Tochter, einer Bacchantin steinernem Bilde vergleichbar.
Starrt ihm nach, und es wogen in ihr der Leidenschaft Stürme;
Nicht mehr trägt sie am blonden Haupt die zierliche Mitra,
Nicht ist die Brust ihr bedeckt von des Mantels leichtem Gewebe,
Nicht vom Busenband sind die weißen Brüste gefesselt:
Dies war alles verstreut, lag abgeglitten vom Körper,
Ihr zu Füßen spielten damit des Meeres Wellen.

Der gute alte Catull kann unnötigerweise nicht dem Drang widerstehen, dass Ariadne all ihre Kleider ablegt, doch wir wollen es ihm durchgehen lassen. Entscheidend ist, dass sie eine Reihe klassischer Fehler begangen hat. Sie hat sich ohne Absicherung verkauft, zugelassen, dass sie als Fußabtreter benutzt wurde und immenses Vertrauen in jemanden gesetzt, der dies in keiner Weise verdient hatte.

Daher sagt sie:

>*Sicine me patriis avectam, perfide, ab aris,*
Perfide, deserto liquisti in litore, Theseu?
Sicine discedens, neglecto numine divum,
Immemor a! devota domum periuria portas?
Nullane res potuit crudelis flectere mentis
Consilium? tibi nulla fuit clementia praesto,
Immite ut nostri vellet miserescere pectus?
At non haec quondam blanda promissa dedisti
Voce mihi, non haec miserae sperare iubebas,
Sed conubia laeta, sed optatos hymenaeos,
Quae cuncta aerii discerpunt irrita venti.
Nunc iam nulla viro iuranti femina credat,
Nulla viri speret sermones esse fideles
Quis dum aliquid cupiens animus praegestit apisci
Nil metuunt iurare, nihil promittere parcunt,
Sed simul ac cupidae mentis satiata libido est,
Dicta nihil meminere, nihil periuria curant.«
Catull, Gedicht 64, 132-148

»Führtest du, Treuloser, wirklich mich vom heimischen Herde,
Um mich an einsamem Strand zu verlassen, treuloser Theseus?
Schiedest du wirklich von mir, verachtend göttliches Walten,
Denkst nicht an mich und trägst den Fluch des Meineids nach Hause?
Konnte gar nichts diesen Entschluss deines grausamen Herzens

Ändern? Lebte in deiner Brust denn gar nichts von Mitleid,
Dass das verhärtete Herz sich meiner wollte erbarmen?
Dies hast einst du mir nicht mit schmeichelnden Worten versprochen,
Dieses hießest du nicht mich Unglückselige hoffen,
Sondern glücklichen Bund und ersehnte Feier der Hochzeit.
Fortan soll keine Frau dem Schwur eines Mannes mehr glauben,
Keine soll mehr hoffen, dass zuverlässig die Worte!
Denn wenn ihrer Begier noch irgendein lockendes Ziel winkt,
Sparen sie nicht mit Schwüren und sparen nicht mit Versprechen.
Doch sobald die Begierde des lüsternen Sinnes gestillt ist,
Kümmern die Worte sie nicht und nichts gilt ihnen ein Meineid«.

Ja, Ariadne wurde ziemlich mies behandelt. Theseus verhielt sich niederträchtig und machte sich aus dem Staub: Ein alter Hut. Sie ließ sich so stark von ihrer Liebe blenden, dass sie sich komplett einem Mann verschrieb, der sich als Schurke und Flegel erwies. Das war keine gute Idee, da sie die wichtige Pflicht versäumte, sich um die Nummer Eins zu kümmern, ihm etwas von sich vorzuenthalten und ein sorgsames Auge auf ihre Selbsterhaltung zu werfen. Die Arme hat auch ziemlich hohe Erwartungen (sprich: Hochzeit) in jemanden gesetzt, den sie kaum kannte. Das ist übrigens nicht geschlechtsspezifisch und obwohl die Verse über die Scheußlichkeit der Männer absolut zitierfähig sind – *»nunc iam nulla viro iuranti femina credat,/ nulla viri speret sermones esse fideles«*, »Fortan soll keine Frau dem Schwur eines Mannes mehr glauben,/ Keine soll mehr hoffen, dass zuverlässig die Worte!«, gibt es leider ein weiteres Gedicht von Catull, Gedicht 70, das mindestens ebenso zitierfähig ist und in dem es genau umgekehrt ist:

*Nulli se dicit mulier mea nubere malle
Quam mihi, non si se Iuppiter ipse petat.*

Dicit – sed mulier cupido quod dicit amanti
In vento et rapida scribere oportet aqua.

 Keinen, so sagt die Meine, möchte sie lieber als mich zum
Gatten, da könnte sogar Jupiter selbst um sie frein.
Sagen tut sie's doch was ein Weib dem Liebhaber sagte,
All das kann man sogleich schreiben in Wasser und Wind.

Das sind schöne Verse und es lohnt sich, diesen Hinweis zu befolgen:
Nehmen Sie unüberlegte Versprechungen, die dazu dienen, Sie zum
Schweigen zu bringen (Catull weiß, dass seine Freundin ihm einfach
erzählt, was er hören will) oder ins Bett zu bekommen, mit der gebüh-
renden Vorsicht und einer Prise Zynismus auf.

Ariadnes Geschichte nimmt letztlich einen glücklichen Ausgang,
wie ich erfreut berichten kann. Vor allem – bin ich grausam, dass ich
mich darüber freue? – bekommt Theseus die Quittung. Als er sich
seiner Heimat Athen nähert, müsste er eigentlich weiße Segel hissen,
damit sein Vater König Aegeus weiß, dass er in Sicherheit ist. Weil er
ein kompletter Idiot ist, vergisst er es. Im Glauben, sein Sohn hätte
ein unangenehmes Ende gefunden, stürzt sich Aegeus von der Akro-
polis und zerschellt an den Felsen. Hoppla!

Und als Ariadne nach Naxos zurückkehrt, geschieht etwas wirklich Erstaunliches. Bevor ich die Verse anführe noch einige notwendige Anmerkungen. Iacchus ist ein anderer Name für Bacchus, den
Gott des Weins und des allgemeinen Chaos. Satyrn, Silenen und
Thyaden sind lebenslustige Gefährten des Gotts; »*thyrsi*« sind Stäbe,
»*orgia*« sind heilige Gegenstände. »*Euhoe*« war der traditionelle Ruf
der Anhänger des Gottes. Eines ihrer Ziele bestand darin, sich in
einen tranceartigen Liebesrausch zu versetzen und Tiere zu zerfetzen,
daher werden die »Stücke von dem zerrissenen Stiere« erwähnt. Diese
Leute wussten wirklich, wie man feiert. Verzeihen Sie die schwer

verständlichen Teile des Gedichts. Es lohnt sich aber auf jeden Fall durchzuhalten und etwa die letzten vier Verse laut zu lesen, weil die Alliterationen beeindruckend sind und man die Zimbeln und Trommeln förmlich hören kann.

At parte ex alia florens volitabat Iacchus
Cum thiaso Satyrorum et Nysigenis Silenis,
Te quarens, Ariadna, tuoque incensus amore...
Quae tum alacres passim lymphata mente furebant
Euhoe bacchantes euhoe, capita inflectentes.
Harum pars tecta quatiebant cuspide thyrsos,
Pars e divolso iactabant membra iuvenco,
Pars sese tortis serpentibus incingebant,
Pars obscura cavis celebrabant orgia cistis,
Orgia quae frustra cupiunt audire profani.
Plangebant aliae proceris tympana palmis
Aut tereti tenuis tinnitus aere ciebant.
Multis raucisonos efflabant cornua bombos
Barbaraque horribili stridebat tibia cantu.
         Catull, Gedicht 64, 251-264

Doch von der anderen Seite naht schon strahlend Iacchus
Mit seinem Schwarm von Satyrn und nysageborenen Silenen,
Der, Ariadne, dich sucht und zu dir in Liebe entbrannt ist, (…)
Rings umher mit schnellen Schritten, rasenden Sinnes
Tobten – euhoi! – Bacchantinnen, Kopf in den Nacken geworfen,
Und ein Teil schwang den Thyrsos mit laubumwundener Spitze,
Andere schleuderten Stücke von dem zerrissenen Stiere,
Andere gürteten ringelnde Schlangen um ihren Körper,
Andere trugen in Kästen die dunkel-heiligen Orgien,
Orgien, die Ungeweihte umsonst sich mühn zu vernehmen,

Andere schlugen das Tympanon hocherhobenen Armes
Oder entlockten hellen Klang dem blinkenden Erze
Ober bliesen das Horn mit dumpfaufdröhnendem Laute
Oder barbarische Flöten mit kreischenden, zischenden Tönen.

Ach, du lieber Himmel! Bacchus hat sich aus der Ferne in Ariadne verliebt und taucht nun mit seinen leicht erregbaren Freunden auf, um Anspruch auf sie zu erheben. Ehrlich gesagt, verspricht er deutlich mehr Spaß als der langweilige Theseus. Und all dies zeigt uns, dass man zwar eine Liebe verlieren kann, aber ein noch wunderbarerer Mensch immer auf uns wartet. Geben Sie niemals die Hoffnung auf. Oder wie ein kluger Freund am Tag nach einer Trennung zu mir sagte: Die Nächste, bitte!

ANHANG: SEX-TIPPS DER RÖMER

Procul hinc, procul este severi
Ihr Prüden, dieses Buch ist nichts für Euch.

I. DIE RÖMER WAREN DIE BESSEREN LIEBHABER

Bitten Sie jemanden um eine Assoziation zum antiken Rom, dauert es nicht lange, bis nach der pflichtschuldigen Erwähnung von »Imperium« und »Straßen« das Wort »Orgien« fällt. In der Tat scheinen wir zwei unterschiedliche Zerrbilder der Römer mit uns herumzuschleppen. Zum einen gibt es die strengen Männer, die lange Reden im Senat hielten, beeindruckende Tempel bauten und die Barbaren zivilisierten, indem sie ihnen beibrachten, in heißem Wasser zu baden und den *Ablativus absolutus* zu beherrschen. Und dann gibt es die anderen Römer, die feierten, bis sie in das *Vomitorium* geworfen werden mussten, die unfassbar blutige Gladiatorenkämpfe in der Arena verfolgten und ziemlich viele perverse Sexspiele genossen. Lateinlehrer bevorzugen in der Regel hauptsächlich die erste Version, aber die unartigen, übermütigen Römer haben es sich zur Gewohnheit gemacht, sogar im Klassenzimmer ungebeten zu erscheinen.

Es stimmt, dass die Römer eine völlige andere Einstellung zur Sexualität und zur sexuellen Symbolik hatten, als es uns zwei Jahrtausende später durch die vielen Generationen jüdisch-christlicher Tradition vermittelt wird. Obwohl es in Rom ein starkes Interesse an Moral und damit verknüpfter Eignung des literarischen Stoffs gab (zum Beispiel finden Sie in der hochtrabenden Epik keine expliziten Sexszenen, aber in der schmuddeligen Satire ist es mit der Rücksichtnahme vorbei), findet man in der Kunst und Literatur zweifellos eine Offenheit hinsichtlich sexueller Inhalte, die gelinde gesagt erfrischend wirken kann.

Wenngleich Kaiser Augustus im Jahr 18 v. Chr. eine Reihe von Moralgesetzen, die sogenannten *Leges Iuliae*, verabschiedete, die Eheschließungen und Geburten unterstützten und ausdrücklich weiblichen Ehebruch verboten, war er gewiss nicht prüde. Ihm wird zum Beispiel diese kleine Weise zugeschrieben:

> *Quod futuit Glaphyran Antonius, hanc mihi poenam*
> *Fulvia constituit, se quoque uti futuam.*
> *Fulviam ego ut futuam? quid si me Manius oret*
> *Pedicem? faciam? non puto, si sapiam.*
> *»Aut futue; aut pugnemus« ait. quid quod mihi vita*
> *Carior est ipsa mentula? signa canant!*
>   *Martial XI, 20, 3-8*

Weil Antonius Glaphyra vögelte, hat mir zur Strafe
Fulvia bestimmt, dass ich auch sie vögeln solle.
Fulvia soll ich vögeln? Was, wenn mich Manius bäte,
Es mit ihm zu treiben, sollt' ich's dann tun? Ich glaube nicht,
        wenn ich noch bei Verstand bin.
»Entweder vögel mich, oder es gibt Krieg zwischen uns beiden«, sagt sie.
Was aber, wenn mir mein Schwanz lieber als selbst mein Leben ist? Man blase die Trompeten zum Kampf!

Fulvia war die berühmte erste Frau des Marc Anton, die ihre politischen und militärischen Intrigen auf eigene Faust betrieb – sie schürte im Jahr 41 v. Chr. während der blutigen und instabilen Phase kurz nach Julius Caesars Ermordung eine Rebellion gegen Augustus (den damaligen Octavian). Octavian soll diese Verse nach der Niederschlagung ihres Aufstands im umbrischen Perugia geschrieben haben (Archäologen haben in dieser Gegend eine Steinschleuder gefunden, in die solch unanständige Texte wie »Ich suche Octavians Arsch« geritzt waren).

In bestimmten Gattungen der lateinischen Literatur gab es eine regelrechte Tradition, seinen Feind in wilder Obszönität zu beschimpfen. Auch Catull hat neben seinen sehr kunstvollen Gedichten über die intensiven Gefühle zu seiner Freundin Lesbia ziemlich viele solcher Texte produziert (die aber besser als die anderen sind). Dieses, das Gedicht 88, ist eines der unterhaltsamsten und eines von mehreren Epigrammen, das an einen offensichtlichen Rivalen, einen gewissen Gellius, gerichtet ist.

Quid facit is, Gelli, qui cum matre atque sorore
Prurit et abiectis pervigilat tunicis?
Quid facit is, patruum qui non sinit esse maritum?
Ecquid scis quantum suscipiat sceleris?
Suscipit, o Gelli, quantum non ultima Tethys
Nec genitor Nympharum abluit Oceanus:
Nam nihil est quicquam sceleris, quo prodeat ultra,
Non si demisso se ipse voret capite.

Gellius, was macht einer, der mit Mutter und Schwester
Geilt und ohne Gewand Nächte mit ihnen verbringt?
Was macht der, der den Onkel nicht sein lässt ein wirklicher Gatte?
Weißt du, wie groß sein Vergehn, das er damit auf sich nimmt?
So groß, dass es nicht wegspülen könnte der Nymphen Erzeuger
Okeanos, noch auch Thetys am Rande der Welt.
Nun bleibt ihm kein Vergehen mehr übrig, das drüber hinausging',
Nicht, wenn er beugt den Kopf abwärts und selber sich frisst.

II. Die Abnahme des Feigenblatts

Außerdem gab es die Bildende Kunst. Vieles von dem, was man in und an Häusern vorfindet, würden wir als »explizites Material« bezeichnen. Die Villa Farnesina, die vermutlich die Wohnstätte von Augustus' Tocher Julia war und im heutigen, bildhübschen Stadtteil Trastevere in Rom liegt, wurde mit exquisitesten Wandmalereien geschmückt, die man heute noch besichtigen kann.

Laut Ovid (in den *Tristia*, »Klageliedern«, die er während seiner Verbannung am Schwarzen Meer schrieb) gab es in Augustus' Haus *»parva tabella«,* »kleine Tafeln«, die *»concubitos varios Venerisque figuras«* »verschiedene sexuelle Stellungen« zeigten. In Pompeji brachten Grabungen verschiedenste eindeutige Wandmalereien zum Vorschein, ganz zu schweigen von dem extrem verbreiteten Gebrauch des Phallus an Wänden oder in Mosaiken als Glückssymbol für Türschwellen und Straßenkreuzungen.

Wären Sie ein Römer mit einem Garten oder einem Gutshof, hätten Sie dort wahrscheinlich eine Statue des Gottes der Fruchtbarkeit Priapos mit einem großen erigierten Penis. In Arezzo gab es eine Töpferei, in der qualitativ hervorragende Terracotta-Gefäße mit erotischen Motiven massenproduziert wurden. Als Römer hätten Sie (fast sicher) öffentliche Bäder besucht und wären dort auf Mosaiken gestoßen, die Altphilologen euphemistisch als »makrophallisch« bezeichnen, weil darauf Männer mit übergroßen, erigierten Penissen abgebildet sind, deren Darstellung wohl vor Unglück schützen sollte. Und wie in der heutigen Zeit würden Ihnen an öffentlichen Orten Wände begegnen, die mit obszönen Graffiti beschmiert sind. *»Me me mentulam linge«,* »Leck' meinen Schwanz« und *»imanis mentula es«* »Du bist ein Riesenschwanz« sind zwei Beispiele, die in den schmutzigen Gassen Roms entdeckt wurden (Und bevor irgendein Klugscheißer diese beiden Zitate bei seinem Lateinlehrer ausprobiert, sollte er darauf achten, dass die Orthographie und Grammatik genauso korrekt ist, wie wir dies in modernen öffentlichen Toiletten erwarten dürfen).

Vor allem im neunzehnten Jahrhundert galten explizit sexuelle römische Kunstwerke jedoch als unzumutbar. Feigenblätter wurden auf den Genitalien der antiken Statuen angebracht, als wären sie dort gewachsen. Die expliziteren Funde aus Pompeji wurden in einem abgetrennten und beschränkt zugänglichen Bereich des Museums von Neapel, dem so genannten Kabinett der obszönen Objekte, untergebracht, das das allgemeine Publikum nicht betreten durfte. Ähnlich absurd und unwissenschaftlich erscheint die Tatsache, dass es im *British Museum* ein »Geheimes Museum« gab, in dem »obszöne« Exponate gleich welcher Herkunft und Epoche ausgestellt wurden. Schwächere Geschöpfe wie Ungelehrte, die Armen, Kinder und vor allem Frauen mussten nach damaliger Meinung vor solchen Dingen geschützt werden.

III. Bitte nicht vor den Kindern!

In der Literatur kam ein ähnlicher Zensurprozess in Gang. Zum Beispiel wurde in der britischen Schulausgabe von 1887 des Stücks *Phormio* des Terenz eine Figur, die ein Zuhälter, »leno«, sein sollte, in einen Kaufmann »mercator« abgeändert. Da jedoch das Versmaß in Latein von der Anzahl und Länge der Silben in jeder Zeile abhängt, hatte diese Veränderung verheerende Folgen, die eine komplette Überarbeitung erforderten. Außerdem – und darüber muss ich schmunzeln – wurde nie erklärt, warum sich ständig viele Frauen mit dem »mercator« herumtreiben.

Im Falle des großartigen Catull wurden viele seiner Gedichte jahrhundertelang zu Recht als Meisterwerke bewundert. Er war aber auch ein Dichter, der mehrfach darauf hinwies, sich die Zähne mit Urin zu putzen und anal mit Leuten zu verkehren, die seine Verse kritisierten. In einer Ausgabe von 1836, die in Boston erschien und »von FM Hubbard für den Schul- und Universitätsgebrauch ausgewählt wurde« wird folgendes über die Streichungen des Herausgebers vermeldet:

> »Der größte Teil der Gedichte des Catull wurde in dieser Ausgabe publiziert. Bei der Auswahl verfolgte der Herausgeber das Ziel, alle Gedichte aufzunehmen, die den persönlichen Charakter und die poetische Kraft des Autors herausstellen oder zur Aufklärung der Geschmäcker und Gefühle seiner Zeit beitragen, und gleichzeitig all diejenigen zu streichen, die durch ihre Taktlosigkeit verletzen oder durch ihre Zügellosigkeit die Moral verderben könnten.«

Tatsächlich nahm er nur die Hälfte von Catulls Gedichten auf. Der Teil des »persönlichen Charakters«, der sich am Skandalösen erfreute oder seine heitere Polysexualität zeigte, war überhaupt nicht erwünscht, und dasselbe gilt für die »Geschmäcker und Gefühle seiner Zeit«, die nicht völlig mit den Moralvorstellungen im Boston des neunzehnten Jahrhunderts im Einklang waren.

Sogar in der Ausgabe von 1961, die von dem Wissenschaftler Christian James Fordyce herausgegeben und in meiner Schule in den Achtzigern benutzt wurde, wird im Vorwort schockierenderweise verkündet, »es seien einige Gedichte weggelassen worden, die sich nicht dazu eignen, im Englischen kommentiert zu werden«. Eine außerordentlich unehrliche Angabe, denn Fordyce verzichtete auf 32 von insgesamt 113 Gedichten.

Und 1989, also vor nicht allzu langer Zeit, entstand ein Riesenbrimborium, als drei Gedichte des Catull nach Beschwerden über deren Inhalt vom Schulprüfungsausschuss der Universität London aus dem Lehrplan gestrichen wurden. Am schlechtesten kam dabei die Beschreibung einer Figur weg, die »weicher als der schlappe, von einem Spinnennetz bedeckte Penis eines alten Mannes war«.

Völlig zu Recht wurde diese unrühmliche Angelegenheit in einem Leserbrief an den Guardian als »kleingeistige Zensur« bezeichnet. Der ganze Vorfall erinnert mich stark an Yeats' Gedicht »Die Gelehrten« (The Scholars):

>»Glatzköpfe, längst jenseits aller Sünden,
> Gelehrte alte Glatzköpfe, ehrenwert und nett,
> Editieren und kommentieren Verse,
> Die Jünglinge, sich wälzend im Bett,
> In Liebesverzweiflung gereimt, wie wir hören,
> Um der Schönheit taubes Ohr zu betören.

> Alle schlurfen herum, alle husten in die Tinte,
> Alle wetzen den Teppich ab mit ihren Schuhen,
> Alle denken, was die andern Leute denken,
> Alle kennen einen, der hat was mit den Nachbarn zu tun.
> O Gott, ich frage mich, was würden die
> Wohl sagen, schlurfte ihr Catull auch so herum wie sie?«

» … , die sich nicht dazu eignen, im Englischen kommentiert zu werden«: Die Kehrseite der Medaille war der Gebrauch der lateinischen Sprache als Deckmantel für Stoffe, die als ungeeignet für den Massenkonsum erachtet wurden. Selbst als die Sprache an Schulen und Universitäten als Fach recht verbreitet war, blieb sie größtenteils den gebildeten, wohl situierten Männern vorbehalten und konnte so als eine Art »Geheimsprache« verwendet werden. Die Niederlegung des englischen Rechts in lateinischer Sprache bedeutete, dass nur eine ausgewählte Gruppe Zugang zu dessen Feinheiten hatte. In der Medizin bestand der Vorteil darin, dass die Patienten von der bitteren angelsächsischen Wahrheit über ihre Verfassung verschont werden konnten (vergleichen Sie zum Beispiel das harmlos klingende

»*tinea cruris*« mit der unumwunden entsetzlichen Entsprechung »Leistenpilz«). Außerdem war der Gebrauch des Latein (und Griechischen) eine ausgezeichnete Methode, den Nicht-Auserwählten Literatur über Sex vorzuenthalten. In »*Verfall und Untergang des römischen Reiches*« umreißt der Historiker Edward Gibbon die »Laster« der Kaiserin Theodora. »Aber«, schreibt er zweideutig, »ihre Äußerungen, Vergnügungen und Künste müssen in der Dunkelheit einer gelehrten Sprache verborgen bleiben«.

Ein unerwünschter Nebeneffekt (für die Zensoren) besteht darin, die Aufmerksamkeit des Lesers auf die Stellen eines Textes zu lenken, die aus Gründen der Sittlichkeit lateinisch sind, da der Leser vermutet oder sogar hofft, dass diese pikant sind. Mindestens ein Buch hat sich diese Assoziation zunutze gemacht: 1881 wurde ein pornographisches Werk des siebzehnten Jahrhunderts mit dem Titel »Akademie der Damen« auf Französisch neu aufgelegt, aber die besonders schmutzigen Stellen in Latein wiedergegeben. In diesem Fall sollten die lateinischen Stellen verstanden werden – sie waren grammatikalisch einfach gebaut und sogar mit einem Kommentar versehen.

IV. AMORALISCHES

In der Populärkultur wurden die strengen Römer oft mit den unanständigen kombiniert, damit deren Dekadenz nicht allzu deutlich sichtbar wurde. Ich bin zu jung, um die Fernsehverfilmung nach Robert Ranke-Graves' »*Ich, Claudius, Kaiser und Gott*« bei ihrer Erstausstrahlung 1976 gesehen zu haben, aber aus heutiger Sicht wirkt diese überraschend unanständig. Zu Beginn der Serie wird zum Beispiel Julia, die Tochter des Augustus, neben ihrer Mutter Antonia massiert. Mit einem Kichern erzählt sie ihrer Mutter, dass ihr frisch vermählter Mann Tiberius eine Vorliebe für Analverkehr habe. Angesichts des Brimboriums, das ausbrach, als sich fast 30 Jahre später eine Folge von *Sex and the City* diesem Thema widmete (allerdings in Zeiten von Aids), muss man annehmen, dass diese Derbheit in *»Ich, Claudius, Kaiser und Gott«* deswegen nicht beanstandet wurde, weil es sich um einen ehrenwerten, historischen Kostümfilm handelte, dessen Quellen hauptsächlich von Sueton, dem Biographen des zweiten Jahrhunderts nach Christus, stammten. *»Ich, Claudius, Kaiser und Gott«* löste andere Schockerlebnisse bei einem ahnungslosen, aber entzückten Publikum aus: Caligula schläft mit seiner Schwester, Claudius' Schwester Messalina gewinnt einen Ausdauerwettbewerb gegen eine Prostituierte und eine römische Frau beschreibt ihre Abhängigkeit von »Tiberius' bestialischen Obszönitäten«, bevor sie sich auf einer von ihr veranstalteten Dinnerparty ersticht.

Die häufig verspottete BBC-Serie *Cleopatra* aus dem Jahr 1983 besaß ähnliche Vorzüge. Strikte historische Authentizität führte offenbar dazu, dass die kaiserlichen Sklavinnen barbusig sein mussten, wodurch den Zuschauern einige hübsche Anblicke geboten wurden. »Ich war damals vierzehn Jahre alt,« erinnert sich mein Freund Paul wehmütig, »nie zuvor hatte ich so viele Brüste auf einmal gesehen«.

V. Spass am Sex… und mehr

Ach, hatten wir nicht über Orgien gesprochen? Nun, da man daran denken muss, dass eine typisch römische Methode, seine Feinde schlecht zu machen, darin bestand, diesen alle möglichen sexuellen Delikte vorzuwerfen, sollte man nicht alles glauben. Aber da Sie es wissen wollen, liefere ich Ihnen einige Beispiele.

Wir beginnen mit dem Bericht von Sueton über Tiberius:

Secessu vero Caprensi etiam sellaria excogitavit, sedem arcanarum libidinum, in quam undique conquisiti puellarum et exoletorum greges monstrosique concubitus repertores, quos spintrias appellabat, triplici serie conexi, in vicem incestarent coram ipso, ut aspectu deficientis libidines excitaret.
Sueton, Tiberius 43

In seiner Abgeschiedenheit auf Capri aber kam ihm der Gedanke, ein Sesselzimmer, Ort für geheime Ausschweifungen, einzurichten. Von überallher hat man ihm ganze Scharen von Mädchen und Lustknaben sowie Erfinder widernatürlicher Beischlafmethoden, die er *spintriae* nannte, dorthin geschafft; diese sollten in Dreierreihe nebeneinander verbunden, so, dass er es genau sehen konnte, miteinander Unzucht treiben, damit durchs Zusehen seine nachlassenden sexuellen Gelüste wieder angestachelt würden.

Dann gab es einen gewissen Commodus, der vom göttlichen Joaquin Phoenix in Ridley Scotts Film *Gladiator* gespielt wurde und der nach Gibbon die meiste Zeit im Luxus eines Harems mit je 300 Frauen und Männern schwelgte.

Selbst der großartige Dichter Horaz – das hat uns Miss Smart in der Schule verschwiegen – hatte seine speziellen Vorlieben und genoss das Liebesspiel laut Sueton gerne vor dem Spiegel:

Ad res Venerias intemperantior traditur; nam speculato cubiculo scorta dicitur habuisse disposita, ut quocumque respexisset ibi ei imago coitus referretur.
Sueton, Horaz 5

In Liebesdingen soll er ziemlich ausschweifend gewesen sein; denn überall in seinem Schlafzimmer soll er Spiegel angebracht haben, damit er, wohin er auch blickte, das Bild seiner Umarmung vor Augen hätte.

Möglicherweise wurde Horaz von einem Sex-Handbuch inspiriert, das angeblich von den alten Griechen stammte. Erotodidaxis, wie dieses Genre genannt wurde, besitzt sogar eine mythologische Erfinderin, die im byzantinischen Lexikon *Suda* als Astyanassa, »die Magd der Helena und Gattin des Menelaos«, aufgeführt wird. Sie beschrieb als Erste die verschiedenen Positionen im Bett, die man in *»Über die Stellungen beim Geschlechtsverkehr«* nachlesen kann. Offenbar befand sich unter den Autoren von Sex-Handbüchern auch eine gewisse Elephantis, die bei Martial erwähnt wird und deren Buch laut Sueton eine Lieblingslektüre des Kaisers Tiberius war:

> *Cubicula plurifariam disposita tabellis ac sigillis lascivissimarum picturarum et figurarum adornavit librisque Elephantidis instruxit, ne cui in opera edenda exemplar imperatae schemae deesset.*
> Sueton, *Tiberius 34*

> Die Schlafzimmer, die über viele Orte verteilt waren, stattete er mit Gemälden und Standbildchen mit Szenen voller Wollust aus und legte zur Information die Bücher der Elephantis aus, damit niemandem bei den sexuellen Praktiken ein Muster für die befohlene Stellung fehle.

In *»Ich, Claudius, Kaiser und Gott«* schenkt der wahnsinnige Caligula dem obszönen Bock Tiberius ein Exemplar des Buchs der Elephantis und bittet diesen um Ausleihe, »natürlich erst, wenn Du es ausgelesen hast«.

Eine weitere berühmte Autorin griechischer Sex-Ratgeber war Philaenis. Vermutlich schrieb sie ihn im vierten oder fünften Jahrhundert vor Christus – sofern sie eine Frau war, denn es gibt auch die Theorie, dass diese Bücher in Wirklichkeit von Männern stammten. Im Jahr 1972 tauchte in Ägypten ein winziges Fragment ihres Buchs auf, in dem nicht viel mehr als die folgende Passage steht: »was Ver-

führungen betrifft. Anschließend muss der Verführer ungeschmückt und unfrisiert erscheinen, damit die Frau nicht den Eindruck hat, er sei bei der Arbeit … die Frau ist wie eine Göttin … die Hässliche ist charmant und die Ältere ist wie ein junges Mädchen … «.

Das bringt einen nicht sonderlich weiter, aber offenbar wurde Ovid bei seiner *Ars Amatoria* von solchen Texten inspiriert, vor allem im Abschnitt über Sexstellungen am Ende von Buch Drei. Interessanterweise handelt die Beschreibung nicht hauptsächlich vom Vergnügen, sondern auch davon, wie man aussieht, wenn man mit einer Frau zusammen ist. Das klingt ein wenig wie Stylingtipps für Sex – keine Sorge, dazu kommen wir später noch.

Ulteriora pudet docuisse, sed alma Dione
»Praecipue nostrum est, quod pudet,« inquit »opus.«
Nota sibi sit quaeque; modos a corpore certos
Sumite: non omnes una figura decet.
Quae facie praesignis erit, resupina iaceto;
Spectentur tergo, quis sua terga placent.
Milanion umeris Atalantes crura ferebat:
Si bona sunt, hoc sunt aspicienda modo.
Parva vehatur equo: quod erat longissima, numquam
Thebais Hectoreo nupta resedit equo.
Strata premat genibus paulum cervice reflexa
Femina per longum conspicienda latus.
Cui femur est iuvenale, carent quoque pectore menda,
Stet vir, in obliquo fusa sit ipsa toro.
Nec tibi turpe puta crinem, ut Phylleia mater,
Solvere, et effusis colla reflecte comis.
Tu quoque, cui rugis uterum Lucina notavit,
Ut celer aversis utere Parthus equis.
Mille ioci Veneris; simplex minimique laboris,

Cum iacet in dextrum semisupina latus.
   Ars Amatoria III, 768-788

Weitres zu lehren hindert mich Scham, doch die holde Dione
Sagt mir: »Wovor du dich schämst, ist mein spezielles Gebiet«.
Jede erkenne sich selbst. Euer Leib lehr', welche Methode
Richtig ist. Allen steht jegliche Stellung ja nicht.
Hat sie ein schönes Gesicht, dann soll auf dem Rücken sie liegen;
Die, der ihr Rücken gefällt, soll man vom Rücken her sehen.
Auf seinen Schultern trug Milanion gern Atlantes
Schenkel: In *der* Position soll, sind sie schön, man sie sehn.
Kleine solln reiten; dagegen saß niemals rittlings auf Hector
Seine thebanische Frau, weil sie so überlang war.
Die, deren lange Seite so hübsch ist, dass gern man sie anschaut,
Drücke die Knie aufs Bett, biege den Hals leicht zurück.
Sind ihre Schenkel jugendlich, makellos auch ihre Brüste,
Stehe der Mann, während sie schräg übers Lager sich streckt.
Denk nicht, es stehe dir schlecht, das Haar wie die Mutter aus Phyllus
Aufzulösen; den Hals bieg, ist es offen, zurück.
Du, der Lucina den Leib mit Runzeln entstellt hat, wie schnelle
Parther reite, denn die sitzen verkehrt auf dem Pferd.
Liebesspiele gibt's tausend; es ist am bequemsten und einfach,
Liegt sie nach rechts geneigt, halb auf den Rücken gelehnt.

Zählen Sie nach! Sie kommen auf acht verschiedene Stellungen. Besonders interessant ist Nummer Drei – die Frau legt ihre Beine auf die Schultern des Mannes. Nennen wir diese Stellung »Atalanta«. Sie war eine mythologische Heldin, die angeblich aufgrund ihrer Athletik fantastische Beine hatte. Sie wollte nur einen Mann heiraten, der sie in einem Wettrennen schlagen konnte, und die Verlierer wurden unmittelbar nach Zieleinlauf hingerichtet. Milanion, der auch häufig

Hippomenes genannt wird, gelang es, sie zu schlagen, aber nur mithilfe eines Tricks – er lenkte sie mit goldenen Äpfeln ab, die er heimtückisch neben die Laufbahn warf. Als sie die Rennstrecke verließ, um diese aufzusammeln, konnte er sie überholen. Diese Geschichte wird in Ovids *Metamorphoses* wundervoll erzählt – sie endet jedoch übel. Hippomenes und Atlanta hatten Sex in einem Heiligtum der Muttergöttin Kybele, die so verärgert war, dass sie die beiden in Löwen verwandelte und ihren Streitwagen ziehen ließ.

In Stellung Nummer Vier, die wir die »Nicht-Andromache« nennen wollen, ist die Frau oben. Diese Stellung ist laut Ovid günstig, wenn man klein ist, aber nicht für Andromache, die mit Hektor, dem größten Helden Trojas in der *Ilias*, verheiratet und angeblich ziemlich groß war. Die siebte Stellung ist eine Variante der eben genannten, nennen wir sie »Parther«. In diesem Fall ist die Frau ebenfalls oben, aber sie schaut in die andere Richtung, zu den Füßen des Mannes. Sie ist nach den Erzfeinden der Römer im Mittleren Osten »Parther« benannt. Parthia lag im Südosten des Kaspischen Meeres und kontrollierte weite Teile des Ostens, darunter in seiner mächtigsten Zeit den heutigen Iran, Irak, Armenien, sowie Teile der Türkei, Georgiens, Aserbaidschans und Afghanistans und zu einer bestimmten Phase sogar Teile von Pakistan, Syrien, des Libanon, Israels und Palästinas. Die Parther waren berühmt für ihre Leichtbrigaden mit Bogenschützen, die eine spezielle Technik besaßen, mit hoher Geschwindigkeit aufzutauchen und anschließend davonzugaloppieren, nachdem sie nach hinten über ihre Schultern Pfeile mit Stahlspitzen abgeschossen hatten – daher die Bezeichnung der Sexstellung. Die Parther waren den Römern immer ein Dorn im Auge. Im Jahr 53 v. Chr. war der Millionär und General Crassus mit gewaltigen Truppen in Parthien eingefallen, wurde aber in der Schlacht von Carrhae vernichtend geschlagen. 20.000 römische Legionäre starben und 10.000 weitere wurden gefangengenommen. Crassus' Kopf

wurde zum König von Parthien gebracht, der sich gerade eine Auf-
führung von Euripides' Stück *Die Bakchen* ansah, in der eine Ent-
hauptung vorkommt. Der Hauptdarsteller war so einfallsreich, den
Kopf des Generals zu ergreifen und ihn als Requisite zu benutzen.

Ein weiterer, absolut löblicher Ratschlag Ovids an die Frauen
lautet: Ihr habt ein Recht auf einen Orgasmus:

Sentiat ex imis Venerem resoluta medullis
Femina, et ex aequo res iuvet illa duos.
Nec blandae voces iucundaque murmura cessent
Nec taceant mediis improba verba iocis.
                    Ars Amatoria III, 793-796

Bis in das innerste Mark gelöst, verspüre das Mädchen
Lust; gleich groß sei dabei beiden das Wonnegefühl.
Nicht sollen schmeichelnde Worte verstummen und liebliches Flüstern,
Lockere Worte nicht aufhören mitten im Spiel.

Über das sexuelle Vergnügen der Frau ist wenig antike Literatur überliefert – Ovid ist nahezu der Einzige, der daran vage interessiert war.
Allerdings gibt es folgende Anekdote, die Ovid in seinen *Metamor-*
phoses erzählt: Jupiter und Juno streiten sich darüber, ob Frauen oder
Männer mehr Spaß beim Sex haben. Sie kommen zu dem Schluss,
Tiresias zu fragen, der – außergewöhnlich genug – früher eine Frau
war. Tiresias antwortet, für die Frau sei es viel schöner. Was Hera
betrifft, war dies die falsche Antwort. Wütend blendete sie ihn, aber
Jupiter gab ihm als Entschädigung das Augenlicht zurück. Tiresias
taucht in Dramen von Sophokles und Euripides auf und in der
Odyssee, wo er mehr oder weniger vernünftige Einsichten und
Prophezeiungen von sich gibt.

Laut Ovid sind ältere Frauen am besten im Bett:

❦ *Adde, quod est illis operum prudentia maior,*
Solus, et, artifices qui facit, usus adest.
Illae munditiis annorum damna rependunt
Et faciunt cura, ne videantur anus,
Utque velis, Venerem iungunt per mille figuras:
Invenit plures nulla tabella modos.
Illis sentitur non inritata voluptas;
Quod iuvat, ex aequo femina virque ferant.
Odi concubitus, qui non utrumque resolvunt...
     Ars Amatoria II, 675-683

❦ Ferner: Mit größrem Verstand gehn reifere Frauen zu Werke,
  Haben Erfahrung allein, die das Vollendete schafft.
  Diese ersetzen durch Pflege, was sie mit den Jahren verloren,
  Und ihre Sorgfalt bewirkt, dass man ihr Alter nicht sieht.
  Stellungen kennen sie tausend beim Liebesspiel, ganz nach Belieben;
  Keine Zeichnung erfand mehr Varianten als sie.
  Nicht müssen Lustgefühle in ihnen erregt werden eigens.
  Was uns beglückt, gleich stark spür' das die Frau wie der Mann.
  Ich hass' Beilager, die nicht bei beiden Entspannung herbeiführn; (…)

Lob für die Leistung des Partners im Bett kommt gut an. Ovid meint, es sei immer gut, eine positive Rückmeldung zu bekommen.

❦ *Et, quod desierit, verba querentis habe.*
Ipsos concubitus, ipsum venerere licebit,
Quod iuvat, et quaedam gaudia noctis habe.
     Ars Amatoria II, 306-308

Und, weil sie aufgehört hat, tu dein Bedauern ihr kund.
Selbst das gemeinsame Bett, selbst was du dort gern hast, das darfst du
Loben; bekunde die Lust, die du bei Nacht hast, recht oft.

Wir schließen jedoch mit einem der aufreizendsten Gedichte der lateinischen Literatur, dem Gedicht Fünf aus Ovids erstem Buch der *Amores*. Genießen Sie die schlanken Hüften und die jugendlich schönen Schenkel.

Aestus erat, mediamque dies exegerat horam;
Adposui medio membra levanda toro.
Pars adaperta fuit, pars altera clausa fenestrae,
Quale fere silvae lumen habere solent,
Qualia sublucent fugiente crepuscula Phoebo,
Aut ubi nox abiit, nec tamen orta dies.
Illa verecundis lux est praebenda puellis,
Qua timidus latebras speret habere pudor.
Ecce, Corinna venit, tunica velata recincta,
Candida dividua colla tegente coma -
Qualiter in thalamos famosa Semiramis isse
Dicitur, et multis Lais amata viris.
Deripui tunicam - nec multum rara nocebat;
Pugnabat tunica sed tamen illa tegi;
Quae, cum ita pugnaret, tamquam quae vincere nollet,
Victa est non aegre proditione sua.
Ut stetit ante oculos posito velamine nostros,
In toto nusquam corpore menda fuit.
Quos umeros, quales vidi tetigique lacertos!
Forma papillarum quam fuit apta premi!
Quam castigato planus sub pectore venter!
Quantum et quale latus! quam iuvenale femur!

Singula quid referam? nil non laudabile vidi
Et nudam pressi corpus ad usque meum.
Cetera quis nescit? lassi requievimus ambo.
Proveniant medii sic mihi saepe dies.

Heiß war's, der Tag hatte eben die mittlere Stunde vollendet,
Um zu ruhn, hatte ich mitten aufs Bett mich gelegt.
Nur der eine Laden des Fensters war offen, der andre
War geschlossen – ein Licht, wie man's im Walde oft sieht,
Wie die Dämmerung schimmert, wenn Phöbus vom Himmel weicht, oder
Wenn vorbei ist die Nacht, noch nicht erschienen der Tag.
So ein Licht sei gewährt den schüchternen Frauen, denn Hoffnung
Auf ein sichres Versteck gibt's da für furchtsame Scham.
Siehe, Corinna erscheint mit entgürtetem Kleide, und ihren
Weißen Hals bedeckt ganz ihr gescheiteltes Haar.
So betrat das Gemach die schöne Semiramis und, von
Vielen Männern geliebt, Laïs; so wird es erzählt.
Ich entriss ihr das Kleid, das, dünn nur, leicht es mir machte,
Sie aber, weil sie bedeckt bleiben noch wollte vom Kleid,
Kämpfte, doch kämpfte wie eine, die gar nicht Siegerin sein will,
Mühelos schließlich besiegt durch ihren eignen Verrat.
Als vor meinen Augen sie hüllenlos dastand, da war nun
An dem ganzen Leib nirgends ein Makel zu sehn.
Was für Schultern und Arme ich sah und berührte! Wie war doch
Ihrer Brüste Gestalt für die Liebkosung bestimmt!
Unter dem straffen Busen wie eben der Bauch! Ihre Hüften –
Schlank und vollkommen! Und dann: Schenkel, wie jugendlich schön!
Doch was zähl' ich es auf? Nichts, was nicht zu loben war, sah ich,
Und ihren nackten Leib presste an meinen ich fest.
Wer weiß nicht, was dann folgte? Ermattet ruhten wir beide.
Mittagsstunden wie die – stellten sie oft sich doch ein!

Kleiner Zitatenschatz für *Latin Lovers*

Quis fallere possit amantem?
> *Vergil, Aeneis IV, 296*

Glaube nicht, Du könntest mich hinters Licht führen
(Wörtliche Bedeutung: Wer kann einen Liebhaber täuschen?).
Dido zum treulosen Aeneas.

Omnia vincit amor
> *Vergil, Eklogen X, 69*

Liebe besiegt alles (Für Optimisten).

Labor omnia vincit
> *Vergil, Georgica I, 145*

Arbeit besiegt alles (Für Pessimisten).

Nulla viri speret sermones esse fideles
> *Catullus, Gedicht 64, 144*

Männer sind Schweine (Wörtliche Bedeutung: Ein Frau sollte
nichts auf die Schwüre der Männer geben). Das sagte die arme
Ariadne, als Theseus' Schiff am Horizont verschwand und er sie
auf einer einsamen Insel zurück ließ.

Varium et mutabile semper femina
  Vergil, Aeneis IV, 569-570

Frauen sind nutzlos (Wörtliche Bedeutung: Frauen sind immer launisch und unbeständig). Eines der vielen extrem fadenscheinigen Argumente, mit denen der Gott Merkur Aeneas zu überzeugen versucht, Dido zu verlassen.

Da mi basia mille
  Catull, 5, 7

Gib mir einen Kuss, Liebling (Wörtliche Bedeutung: Gib mir tausend Küsse). Aus dem unsterblichen Gedicht des Catull.

Et dis invitis desinis esse miser
  Catull, 76, 12

Überwinde in Gottes Namen deinen Schmerz (Wörtliche Bedeutung: Nimm gelassen dein Unglück hin, das die Götter hassen). Wenn Freunde, deren Herz gebrochen ist, liebevolle Strenge benötigen.

Uritur et loquitur
  Catull, 83, 6

Wörtliche Bedeutung: Sie brennt und spricht. Catull meint, behaupten zu können, Lesbia wäre scharf auf ihn, weil sie immer so grob zu ihm ist (Das ist dieselbe sexuelle Spannung wie bei Beatrice und

Benedick in Shakespeares *Viel Lärm um Nichts*). Diese Wendung sollte in verdächtig kokettem Tonfall geflüstert werden, wenn jemand Sie heruntermacht.

Militat omnis amans
> Ovid, Amores, I, 9, 1

An der Liebe muss man arbeiten (Wörtliche Bedeutung: Jeder Liebhaber ist ein Soldat).

Cetera quid nescit?
> Ovid, Amores, I, 5, 25

Wer kennt den Rest nicht? Diese Zeile stammt von Ovid, der beschreibt, wie er seine Freundin verführt. Sie befinden sich im Schlafzimmer, er hat sie ausgezogen und mit diesem Satz überlässt er alles Weitere unserer Vorstellungskraft. Benutzen Sie diese Wendung, um die wirklich pikanten Momente auszulassen, wenn Sie ansonsten detailliert von Ihrer letzten Verabredung berichten.

Abeas, pharetrate Cupido
> Ovid, Amores II, 5, 1

Liebeskrank (Wörtliche Bedeutung: Hau ab, Scharfschütze Cupido).

Quod sequitur, fugio; quod fugit, ipse sequor
  Ovid, Amores II, 19, 36

Machen Sie sich rar (Wörtliche Bedeutung: Ich flüchte vor dem, was mich verfolgt und verfolge, was vor mir flieht).

Sic ego nec sine te nec tecum vivere possum
  Ovid, Amores III, 11, 39

Ich kann nicht mit dir leben, aber auch nicht ohne dich.

Tu mihi sola place
  Ovid, Ars Amatoria I, 42

Du bist die oder der Einzige für mich.

Cunctas posse capi: capies, tu modo tende plagas
  Ovid, Ars Amatoria I, 269

Jede Frau kann erobert werden, man muss nur seine Fallen aufstellen. Das stimmt nicht unbedingt, kann aber für diejenigen nützlich sein, die einen Schuss Selbstvertrauen benötigen.

Saepe venit magno faenore tardus Amor
  Properz, I, 7, 26

Der Zins einer späten Liebe ist häufig hoch. Ein kluger Spruch für liebeskranke alte Menschen oder überzeugte ehemalige Singles.

Nulla prius vasto labentur flumina ponto, annus et inversas duxerit
ante vices, quam tua sub nostro mutetur pectore cura
     Properz, I, 15, 29-31

Bevor ich aufhöre, dich zu lieben, fließen die Flüsse gegen die
Strömung und die Jahreszeiten kommen in umgekehrter Reihen-
folge. Ein Spruch für die Karte zum Valentinstag.

Una sat est cuivis femina multa mala
     Properz, II, 25, 47

Eine einzige Frau ist für einen Mann Verdruss genug. Verwenden
Sie diesen Spruch, wie es Ihnen beliebt.

Pacis Amor deus est, pacem veneramur amantes
     Properz, III, 5, 1

Make love not war (Wörtliche Bedeutung: Die Liebe ist der Gott
des Friedens, wir Liebende achten den Frieden).

Odi profanum vulgus et arceo
     Horaz, Oden III, 1, 1

Seien Sie nicht zu wählerisch. (Wörtliche Bedeutung: Ich hasse die
profane Masse und gehe ihr aus dem Weg.) Dieses Zitat stammt
aus einem Gedicht, das zugegebenermaßen nichts mit Liebe zu tun
hat. Dennoch ist *odi profanum vulgus* eine wunderbare Redewen-
dung, die in allen möglichen Zusammenhängen verwendet werden
kann, wie etwa in der Schlange im Supermarkt, auf dem Ku'Damm,
usw. usw.

HALTEN SIE SICH FÜR EINEN *LATIN LOVER?*
DER LEGENDÄRE FRAGEBOGEN.

1. Sie sind ein gutaussehender Held namens Perseus. Sie haben vor Ihrem Adoptivvater geprahlt, Sie könnten ihm das Haupt der Gorgone Medusa bringen, die einen Menschen mit einem einzigen Blick in einen Stein verwandeln kann. Es gelingt Ihnen, die Gorgone zu töten, und auf dem Rückweg begegnet Ihnen eine bildschöne Frau, die an einen Felsen gekettet ist und einem gefräßigen Meeresungeheuer geopfert werden soll. Was tun Sie?

a) Sie machen dem Ungeheuer den Garaus, schnappen sich die Frau und verwandeln deren Eltern mithilfe des Haupts der Gorgone in einen Stein, falls diese Ihnen die Erlaubnis verweigern, die Frau zu heiraten.

b) Sie machen dem Ungeheuer den Garaus, schnappen sich die Frau und steuern heimwärts, als die Eltern etwas unentschlossen sind, ob sie Ihnen die Hand ihrer Tochter überlassen sollen.

c) Sie kümmern sich nicht weiter um die Frau und das Monster, da Sie sofort nach Hause müssen. Immerhin haben Sie das Haupt der Gorgone, das dringend abgeliefert werden muss.

2. Sie sind Klytaemnestra, die Königin von Mykene. Ihr Ehemann zieht in den Trojanischen Krieg, nachdem er zuvor Ihre Tochter geopfert hat, um sich günstige Winde zu sichern. Was tun Sie?

a) Sie bandeln mit einem schlechten Liebhaber namens Aegisthus an und als Ihr Ehemann vom Kampf zurückkehrt, wickeln Sie ihn vorsätzlich in ein Badetuch ein, damit Aegisthus ihn mit einer Axt erschlagen kann. Auf diese Weise sorgen Sie für den andauernden Fluch des Geschlechts der Atreiden und einen Blutrausch, der erst gestillt ist, wenn Ihr Sohn von dem Mord freigesprochen wird, den Sie begangen haben.

b) Sie bandeln mit einem schlechten Liebhaber namens Aegisthus an, den Sie im Interesse der Familie verlassen, als Ihr Gatte aus dem Krieg zurückkehrt.

c) Sie beginnen bei einem örtlichen Priester eine Aggressions-therapie, bevor Sie das Scheidungsverfahren eröffnen.

3. Sie sind Myrrha, eine schöne Prinzessin. Sie entwickeln unstill-bares, sexuelles Verlangen nach Ihrem Vater Cinyras. Was tun Sie?

a) Sie warten bis Ihre Mutter weggegangen ist, um eine religiöse Feier abzuhalten und schleichen sich Nacht für Nacht im Schutz der Dunkelheit in das Bett Ihres Vaters. Anschließend werden Sie von den Göttern in einen Myrrhebaum verwandelt und bringen die Frucht Ihres inzestuösen Beischlafs zur Welt, den schönen Adonis.

b) Sie bekommen Ihr Verlangen in den Griff und heiraten einen der attraktiven Verehrer, die Ihre Eltern für Sie organisiert haben.

c) Sie entscheiden sich, Ihren Elektra-Komplex offen und ehrlich mithilfe eines Therapeuten zu bearbeiten.

4. Sie sind ein unglaublich gutaussehender Bauernjunge, der Sohn eines Flussgotts und einer Nymphe. Sie kommen an einem hübschen kleinen Weiher im Wald vorbei. Was tun Sie?

a) Sie starren in die Tiefe des Wassers und werden so stark von dem schönen Geschöpf angezogen, das Sie dort sehen, dass Sie sich nicht losreißen können und mit der Zeit vor Hunger sterben.

b) Sie starren in die Tiefe des Wassers, aber da das schöne Geschöpf absolut unerreichbar ist, knutschen Sie mit der Nymphe Echo herum, die hübsch, aber leider nicht sehr gesprächig ist, und gerade vorbeikommt.

c) Sie starren in die Tiefe des Wassers, stellen aber fest, dass Sie an einer tiefen narzisstischen Störung leiden und suchen sich entsprechende Hilfe.

5. Sie sind Medea, die Königin von Korinth. Vor einigen Jahren halfen Sie Ihrem Ehemann Jason mit Ihren magischen Kräften, das Goldene Vlies von Ihrem Vater zu gewinnen. Nun will Ihr Gatte Sie wegen einer jüngeren Frau, Glauke, verlassen. Was tun Sie?

a) Sie geben vor, sich für Ihre Rivalin zu freuen und schenken Ihr ein schönes Hochzeitskleid und ein Diadem, das Sie mit tödlichem Gift eingerieben haben. Anschließend bringen Sie Ihre kleinen Kinder um, da dies die effektivste Methode ist, Ihren Mann zu ärgern.

b) Sie zerfetzen alle Tuniken von Jason, bevor Sie sich die Kinder schnappen und diese zu Ihrem Familiensitz nach Kolchis zurückbringen.

c) Sie bewahren sich eine dünne Schicht ruhiger Würde, während Sie innerlich beschließen, Jason vor das Scheidungsgericht zu zerren.

Sie haben sich hauptsächlich für A entschieden: Glückwunsch. Sie sind ein heroischer Liebhaber mit legendärem Stellenwert. Es gibt keine Sünde, Perversion oder Gewalttat, zu der Sie sich nicht herablassen.

Sie haben sich hauptsächlich für B entschieden: Sie sind auf einem guten Weg. Geben Sie nicht auf: Sie haben ein vielversprechendes Ausmaß an Begierde vorzuweisen. Sie müssen allerdings Ihre Verdorbenheit steigern. Arbeiten Sie daran, Ihren obszönsten Instinkten nachzugeben.

Sie haben sich hauptsächlich für C entschieden: Vergessen Sie es. Selbsterkenntnis hat in der Welt der legendären Liebhaber nichts verloren. Sie sind nicht einmal bereit, einen Mord zu begehen, um Ihre unstillbaren sexuellen Bedürfnisse zu befriedigen. Begeben Sie sich in Behandlung.

INDEX

A

Achill: wunderschön, aber aufgeblasen, 48, 66

Aegisthus: *Latin Lover?* 97, 140

Aeneas: benimmt sich wie ein Wurm, 73; unzulänglich, 74; emotional unfähig, 75; undeutlich, 76; unruhige Beziehungsgeschichte, 77; Schurke, 80; zu spät dran, 80

Allius: stellt Catull und Lesbia ein Liebesnest zur Verfügung, 55

Anchises: ein starrköpfiger alter Kerl, 78

Andromache: groß gewachsene Frau des Hektor, 126

Andromeda: wird von Perseus gerettet, 54

Argus: hundertäugiger Leibwächter, 55

Ariadne: schlafend, 53; gesticktes Bildnis auf Peleus' und Thetis' Bettdecke, 104; Wollknäuel, 106; legt ihre Kleider ab, 107

Astyanassa: Erfinderin von Sex-Handbüchern, 123

Atalanta: hatte lange Beine, 125

Augustus: gewinnt den Bürgerkrieg und wird Herrscher, 14; rät den Dichtern, über schöne Dinge zu schreiben, 17; verbannt Ovid, 19; familiäre Werte, 32; Autor eines unanständigen Epigramms, 114; erotische Tafeln bei ihm zuhause, 116

Austen, Jane: über die Gefahren der Liebeslyrik, 100

B

Bacchus: verspricht viel mehr Spaß als Theseus, 112

Beckham, David: zu metrosexuell für Ovid?, 34

Bennett, Alan, Dramatiker, 9

Beziehungen: Die Römer schrieben als erste über sie, 15; sind anstrengend, 61; Hassliebe, 85; müssen beendet werden, 87; vergiftet, 88

H

I

K

L

M

Danksagung

Mein Dank geht an alle Mitarbeiter von *Short Books*, vor allem an Rebecca Nicolson und Vanessa Webb sowie Peter Straus.

An meine Kollegen beim *Guardian*, vor allem Nick Hopkins und Alan Rusbridger.

An Cynthia Smart, Jasper Griffin, den verstorbenen Michael Comber und ganz besonders an den verstorbenen Oliver Lyne, die alle in mir die Liebe zur lateinischen Dichtung erweckten.

An meine Familie, vor allem Peter und Pamela Higgins.

An meine Freunde Richard Baker, Andy Beckett, James Davidson, Paul Laity, Frank Lampen, Ginny Macbeth, Jacqueline Riding und Rosie Toop. Und ganz besonders an Joshua St Johnston für unzählige brillante Anregungen und permanenten Ansporn.

An Matthew Fox: »*Carmina quis potuit tuto legisse Tibulli/ Vel tua, cuius opus Cynthia sola fuit?/ Quis poterit lecto durus discendere Gallo?/ Et mea nescios quid carmina tale sonant.*«

Alle Fehler stammen von mir.

Rechtenachweise

Die im diesem Buch zitierten Passagen aus Büchern, Interviews, TV-Serien, Spielfilmen und Musikstücken gehen auf folgende Rechteinhaber zurück:

Jane Austen. Überredung. Aus dem Englischen von Ursula und Christian Grawe © der deutschen Übersetzung Reclam Verlag, Ditzingen 2007.

Alan Bennett. The History Boys: © Faber & Faber, London, 2004.

Brief Encounter. © Cineguild, 1945.

Buffy. The Vampire Slayer. © 20th Century Fox, 1997.

Clueless: © Paramount Pictures, 1995.

Leonard Cohen, Ain't no cure for love : © Sony BMG, 1988.

Dead Poets Society. © Touchstone Pictures, 1989.

John Donne, Die aufgehende Sonne. In: Alchimie der Liebe. Ausgewählt, übertragen sowie mit einem Nachwort und Anmerkungen versehen von Werner von Koppenfels, © der deutschen Übersetzung Diogenes Verlag, Zürich 2004.

I, Claudius: © British Broadcasting Corporation, 1976.

Robert Graves. Liebessymptome. In: Das kühle Netz. The Cool Web. Gedichte. Auswahl, Übertragung und Nachwort von Wolfgang Held, © der deutschen Übersetzung Suhrkamp Verlag, Frankfurt am Main 1990.

Nancy Mitford. Englische Liebschaften. Aus dem Englischen von Reinhard Kaiser, © der deutschen Übersetzung Eichborn Verlag, Frankfurt am Main, 1988.

Marcel Proust. Auf der Suche nach der verlorenen Zeit. Aus dem Französischen von Eva Rechel-Mertens, © der deutschen Übersetzung Suhrkamp Verlag, Frankfurt am Main 1957. Zitat in nicht-reformierter Rechtschreibung.

Thomas Pynchon. Die Versteigerung von No. 49. Aus dem Amerikanischen von Wulf Teichmann, © der deutschen Übersetzung Rowohlt Verlag, Reinbek, 1986.

Sueton. Werke in einem Band. Aus dem Lateinischen übersetzt von Werner Krenkel, © der deutschen Übersetzung Aufbau-Verlag Berlin und Weimar, 1985.

Sulpicia. In: Tibull. Gedichte. Lateinisch und deutsch. Aus dem Lateinischen von Rudolf Helm, © der deutschen Übersetzung Akademie-Verlag, Berlin, 1979.

Ann Widdecombe. Interview, © Good Housekeeping, Red Oak, 2000.

William Butler Yeats, Die Gelehrten. In: Die Gedichte. Neu übersetzt von Marcel Beyer, Mirko Bonné, Gerhard Falkner, Norbert Hummelt, Christa Schuenke © 2005 Luchterhand Literaturverlag, München in der Verlagsgruppe Random House GmbH.

Alle nicht an anderer Stelle nachgewiesenen deutschen Übersetzungen der lateinischen Originaltexte entstammen Bänden in der umfassenden *Sammlung Tusculum* aus dem Verlag Artemis & Winkler. Abdruck der Übersetzungen von Paul Barié und Winfried Schindler (Martial), Hermann Diels (Lukrez), Werner Eisenhut (Catull), Gerhard Fink (Horaz und Vergil), Niklas Holzberg (Ovid), Georg Luck (Properz und Tibull), Hans Martinet (Sueton, Das Leben der römischen Kaiser) mit freundlicher Genehmigung der Patmos-Verlagsgruppe.

NOCH MEHR ZUM THEMA LIEBE!

PONS EIN KLEINES BUCH VOLL LIEBE

LIEBE: Ein Wort mit unzähligen Varianten.
Überall auf der Welt.

Dies ist ein Buch, in dem Liebes-Erklärungen aus allen Kontinenten zu Wort kommen und auf gefühlvolle Weise dargestellt werden. Lyrik und Zitate über die Liebe im Original und in Übersetzung sowie Hintergrundinformationen über Herzensdinge in anderen Kulturen werden hier in einem wunderschönen Buch gesammelt – ideal um „Ich liebe Dich" zu sagen oder einfach, weil man an jemanden gedacht hat.
Ein kleines Schmuckkästchen der Liebe für alle, die uns ganz besonders am Herzen liegen.

Format: 20 x 13 cm, Hardcover.

Deutsch mit Originalzitaten.

ISBN: 978-3-12-010014-0   **www.pons.de**